政治哲学入門

［第2版］

政治・共同体・イデオロギー

大塚 桂 著 Katsura Otsuka

法律文化社

はしがき

大学における政治学教育はいかにあるべきなのか。数年来、この問題を反芻しつつ講義をすすめている。ところで、学生諸君と接していて気にかかる点が若干ある。第一に、政治学を現実の政治の評論・解説であるとか、あるいは、選挙の予測をするのがその使命であるとか、漠然と考えている諸君が非常に多いことである。そのように理解する学生からすれば、政治学の古典的文献の研究や思想史の検討など、古色蒼然たるものとしてしか目に映らないであろう。第二に、政治学のおもしろさをあじわえないままに卒業していく諸君が多いことである。このような学生のほとんどは主体性をもった学習の方法が最後までわからなかったことが、主たる原因のように思われる。そもそも社会科学の学習は、〝自我の覚醒〟と〝社会に対する問題意識〟とがほどよくバランスをとるなかで、はじめて効果を発揮するものであろう。自我の確立につとめることにあまり熱心でない学生が、社会的諸問題の究明に積極的にかかわっていくことはかなり難しい。青年期にあって、自我の形成はやはり思想・哲学研究と歴史研究をとおして涵養されるものである。総じて、最近の学生は地道で基礎的な研究を敬遠するきらいがある。また、結論を早急にえようとする傾向もある。たしかに、変化を求め、新しいものに関心をよせるのが青年の特性ではある。

しかし、トレンドに敏感なことと基礎的な学問研究とは性質を異にする。基礎的研究をおろそかにする風潮が、やがては社会科学全体の根底を揺るがすほどの致命症になりはしないであろうか。危惧の念を禁じえない。現実政治の分析をおこなうにせよ、実際にナマの政治にコミットメントするにせよ、やはり政治学の基礎的な研究が必要不可欠な前提条件となってくる。基礎的かつ原理的な研究をおろそかにしたならば、応用や分析（科学）などはもとより成立しえないのである。そこで、政治学を専攻する学生諸君に基礎的研究の重要性を深く認識してもらいたいという願いから、本書の執筆を思いたった次第である。

書店に出かけても、政治哲学に関するテキストはあまりみかけない。「政治哲学」とタイトル書きしてあったとしても、その中身をみると政治思想史のテキストであったり、特定の政治思想家に関する研究書であったりする。そもそも政治哲学に関する学界の了解事項も、今日にあってもいまだに確定したものはないといってもよいであろう。政治哲学を専門とする研究者の数も、全体数からすればごくわずかである。さらには、政治学科を設置する大学でも、政治哲学講座そのものを開設しているのは少数派であるし、たとえカリキュラム上配当されていたとしても担当者不在のまま休講扱いのケースも多くみうけられる。しかし、このような状況のもとでも、「政治哲学の復権」を唱える研究者たちの堅実な取り組みがみられる。本書は、最近の研究動向をふまえたうえで、政治哲学という学科目のアウト・ラインを学生諸君に提供することを第一の目的としている。本書の第二の目的は、政治学の学習上重要と思われる主要な基礎的概念の検討と整理をおこなうことである。本書では、Ⅰ政治的なるもの、Ⅱ共同体的なるもの、Ⅲイデオロギー的なるもの、とおおきく三つのパートにわけたうえで、それぞれに関係するキー・概念の分析にあたった。

本書を一読されると、政治という現象は、支配者が政治権力を行使して服従者を統制するワン・ウェイの作用ではないことが明確になるであろう。政治という社会現象は、支配者と服従者との相互関係において成立するのである。ところで、支配＝服従関係は、政治の不変にして普遍的な原理である。その関係にあって、物理的な権力を独占する強者である支配者が権力をもたない弱者である服従者に対しておこなう作用が、支配であり、統制であるとされる。しかしながら、服従者が支配者を牽制していることもまた、政治的空間ならではの特殊な現象として指摘することができる。服従者の支配者に対しての牽制という放射作用は、政治の生成過程をふまえたうえではじめて理解しえるものである。つまり、人権の獲得の歴史なり、権力制限の歴史なり、共同体の成り立ちについて研究していくことによって、はじめて理解可能となる。もとより、政治は現在というある一時点での社会現象ではない。それは、先行するさまざまなエレメント（歴史・思想・制度・文化など）との連続性、継続性から派生してくる現象なのである。さらに、現在に生きるわれわれの政策の選択や判断が、未来に対して確実に影響を及ぼしていくのである。われわれの思想や行動は、たえず進行していく歴史のプロセスのなかにある。それだけに、政治を理解する手がかりとして政治哲学の史的研究の重要性が認識されてくるのである。

筆者の基本的なスタンスは、国民主権主義と基本的人権主義に立脚した政治（哲）学の構築にある。最近の政治学は、数量分析や政治過程、さらには選挙の分析などに熱心なあまり、これらの基本的原理はすでに既知のこととして閑却しているようにも思われる。さらに、このような問題は憲法学なり、基礎法学に任せておけばよいというような風潮もなくはない。政治のプラグマティックな研究をおこなうにしても、やはり如上の諸点を正しく理解していなければ、確実な成果をうちだしていくことは困難であろう。ましてや、政治学の基礎的事項の習得を目的とする学生諸君にとって、これらの諸点を繰り返しくりかえし学びつづけていくのが学習効果をあげる近道だと考える。現代は政治化の時代である、といわれて久しい。われわれは、市民生活を営むにあたって政治とのかかわりをさけることはできないのである。市民として政治にコミットメントしていくことが義務づけられるのであれば、当然のこととして国民主権主義と基本的人権主義のエッセンスを習得しておく必要がある。本書をとおして、また一年間の講義をとおして、学生諸君が政治を認識し、コミットメントしていくにあたって、いかばかりかの考える素材を提供できたとすれば、筆者の主意ははたされたのではないかと思う。

社会科学を学ぶに際しては、一定の読書量がもとめられる。読書の習慣のない学生は、社会科学を学ぶ資格をもたないといっても過言ではないぐらいである。さらに重要なポイントは、学習にあたって活字の上面をとおりいっぺんながめるのではなく、思索を加味していくことを忘れてはならないことである。本書を一読された学生諸君はさらにすすんで、専門書や学術論文に直接にふれて、研究と理解を深めていかれるのをおすすめしたい。その際、巻末の参考文献が指針となるであろう。

本書は、筆者が担当した「政治哲学」（一九九五年度）の講義ノートに基づくものである。しかし、記述にあたっては政治哲学のみならず、政治学入門や現代政治理論などの学科目の補助教材としての使用にたえるように工夫を凝らした。類書がなかっただけに、本書が活用されることをのぞむものである。最後に、企画の段階からご配慮をいただいた法律文化社の小西英央、畑　光両氏にお礼を申し上げます。

一九九七年一月

大　塚　　桂

【第2版にさいして】

本書は、刊行以来標準的な政治哲学のテキストとしての評価をえてきた。再版にあたって、旧版における三章（権威、イデオロギー、正義）を削除して、あらたに体制、公共性、文化を差し替えることにした。初版以来、政治哲学に関する研究状況も進展し、相当数の成果も打ち出されている。それらの学界動向をふまえつつ、本書の全面的な改訂を考えている。近々、読書界のみならず研究者、学生諸氏の期待にこたえたい。

二〇一一年一二月

大塚　桂

目次

Ⅱ　共同体的なるもの

Ⅲ　イデオロギー的なもの

Ⅰ　政治的なるもの

1　政治哲学の課題

政治哲学（political philosophy）ということばを聞いただけで、何やら難解きわまりないイメージをいだくものが多いことであろう。また、政治哲学はたいへんラジカルな学問であるとの先入観をもつものもいるであろう。ところで、政治哲学という学科目は、いまもって体系化されていないといわれている。政治学科を設置している大学にあっても、政治哲学講座がカリキュラム上配当されているところは、少数派である。たとえ政治哲学の講座名がとどめられていたにせよ、担当者が不在のまま休眠状態の例も多い。このように、大学における政治学教育上、政治哲学に対しての理解はあまり深いものではないと思料される。しかしながら、このことは重大な問題をはらむものである。たとえば、隣接科学の法学分野においては、法哲学という専攻領域が確固とした位置をしめている。法哲学は法思想史や法史学などとならんで、基礎法学分野を構成しており、なおかつ同分野における筆頭講座の地位をえている。これに対して、政治学にあっては、基礎政治学とでもいうべき分野は見当らない。政治思想史や政治史などの重要性が認められてはいるのに、政治哲学に対しての評価はあまりかんばしくはないのである。そもそも、学問の進歩にあって基礎研究の充実は必要不可欠の前提条件である。基礎研究なくして応用研究の発展はのぞむべくもないのである。政治学にあっても、政策評価や政治現象の分析や予測をおこなうにあたり、やはり基礎的な研究が根底になければならないのである。とすれば、政治哲学を政治学分野における基礎的研究をになうべきものとして位置付ける努力をし、その再認識が必要とされてくるのである。それでは、政治哲学という学科目ははたして何を研究対象に定め、いかなる研究目的をもつのであろうか。まず、これらの諸点に関して順次検討してみよう。

1　政治哲学の歴史

現代政治学は、〝科学としての政治学〟を志向しているとされる。たしかに、政治学の歴史的な発展は、〈キリスト教的な神学理論〉から〈啓蒙期の政治哲学〉、そして〈科学としての政治学〉へと素描できよう。ところで注意すべきなのは、近代の啓蒙思想家たちのうちだした政治哲学はある面で実践的な要素をつよくもっていたことである。それは、封建制度なり絶対王政なりを市民中心の政治体制に転換させたという面でプラグマティックな性格を有していたのである。政治哲学はけっして抽象的、観念的、思弁的なものとして成立してきたのではないことを確認しておかねばならない。

つづいて、政治哲学といった場合、①政治学における政治哲学の位置付けと②哲学における政治哲学の位置付けとの相違が整理されねばならない。後者についていえば、プラトン（Platon, B.C. 428-347）やグリーン（Thomas Hill Green. 1836-82）などの著作を読めば一目瞭然なのであるが、政治哲学＝道徳哲学として考えられていたのである。人間が政治社会のなかでいかに生きていくのか、はたまたいかにして社会とコミットメントしていくのかという実践的な問題を解明していくのが「哲学における政治哲学」のもつ性質であった。いわば、メタ理論といえるであろう。イギリスの代表的な学術雑誌『哲学雑誌』（Philosophical Review）をながめてみると、二〇世紀初頭まで哲学は総合科学として考えられていたことがわかる。同誌には生物学や心理学、法学そして政治学にいたる広範囲な諸論文がおさめられていた。このように一面では、政治哲学は哲学という総合科学の一領域であって、法哲学や社会哲学などと併存しているのである。人間の行動のうち、法的な面については法哲学が、政治的な面については政治哲学がこれを取り扱うものとされている。

われわれにとって重要なのは、前者の問題つまり「政治学における政治哲学」の位置付けである。まずさしあたって、主要な政治哲学者たちの議論を概観してみることとしよう。日本政治学会の初代理事長であった南原繁（1889-1974）は『政治哲学序説』（一九七三年）のなかで政治過程や政治意識あるいは政治行動の科学的解明によっていては、「価値判断や政治社会はいかにあるべきか、われわれがその中にいかに生くべきか等の問題は、……解決され得べくもない」[1]、とのべた。そしてさらに、「価値は言うがごとき単なる主観的判断や信仰へとどまるものではなく、われわれは価値論理的な客観的体系を考えることができるはずである。それこそはまさに学的世界観の根本の問題にほかならない。ここに、われわれは全体の価値体系を考え、その中において政治的価値がいかなる位置を占め、他の諸々の価値といかなる関係に立つかを究明しなければならない。これこそは政治哲学の根本問題である(2)」、としている。南原にしたがえば、政治哲学は政治の理念ないし理想目的の考察なのである(3)。それは、政治の科学や現実政治の分析とはことなるものなのである。そのうえで、南原は「現下の政治社会の主要問題の根本的解決のためにこそ、われわれは政治の哲学的考察を要求するのであって、それら政治現象の正しい批判は究極において、哲学的考察によって可能となるであろう(4)」、と論じている。南原は、「政治哲学は政治的価値を価値体系のうちに尋ねると同時に、なお他の任務をもつ。それは……価値を、ふたたび存在と結合せしめることである。政治哲学は存在の諸問題自体を考察の対象としないと同時に、ただ価値の了解にのみに止まってはならない。価値が現存在と互いに永久に分離して存するかぎりは、一つの世界観としての哲学は完成しないであろう。政治的価値はさらに現実の社会生活に関係せしむることを要する(5)」、と提言する。

純粋政治学分野からはじめて文化功労者にえらばれた原田鋼（1909-92）は、「政治哲学の根本問題は、複雑多岐な政治現象を前提として、いかなる方法論的な態度を決定すべきかという、社会諸科学に於けると同じような課題の解決に志向されているであろう(6)」、とのべ、政治の本質の究明は政治科学的なものと政治哲学的な吟味とが平行しておこなわれねばならないことを指摘した。[7] そして、政治哲学の任務は一面において合理的にあるべき政治の理念を構築することではあるけれども、他面ではなぜに現実政治の内実が非合理的な制約を受けるかを存在論的に究明しつくすことでなければならないのである。[8] 原田の政治哲学の位置付けは、後述の政治学の概念と関連があるが、価値そのものの非合理的部分さえもその射程におさめている点でユニークである。

カトリン（George Edward Gordon Catlin, 1896-1979）は政治哲学を人間の追求する目的ならびに価値にかかわるものであると認識したうえで、いかなる政治理論も行動目的や価値論の考察なしには不完全なものであると考えている。カトリンは、政治哲学や社会哲学、法哲学という学科目は、それぞれある面を強調して語る哲学にすぎないとしている。つまり、主題としての哲学があるだけであって、政治哲学があるのではない、[9] と彼は理解した。しかしながら、カトリンは、政治学を政治科学、政治技術そして政治哲学とに分類しており、政治学の主要学科として政治哲学を位置付けてもいる。[10] さらに、シュトラウス（Leo Strauss, 1899-1973）は、『政治哲学とは何か』（一九五九年）のなかで、以下のように叙述している。

政治哲学とは、政治的な事柄の本性についての知識に置き換えんとする試みである、ということになろう。政治的な事柄は、その本性からして是認されたり否認されたり、選択されたり拒否されたり、称賛されたり非難されたりすることを必要とする。中立的であることがその本質であるのではない。そうではなく、人々の服従や忠誠、裁決や判決を要求することがその本質なのである。政治的な事柄は善や悪、正義

や悪、正義や不正義というような用語によって判断されるべきだという、公然あるいは隠然となされている主張が真剣に考えられることがなければ、つまりそれらが善や正義のなんらかの基準によって計られるのでなければ、政治的な事柄はそれらの本来的な姿では、つまり政治的な事柄としては、理解されないのである。正しい判断が下されるためには本物の基準というものが知られていなければならない。もし政治哲学が自らが主題としている事柄を正しく取り扱おうと願うのであれば、これらの基準についての真正の知識を得るように努力しなければならない。政治哲学とは、政治的な事柄とともに正しいあるいは善き政治的秩序を真に知ろうとする試みなのである。[11]

シュトラウスは、政治哲学の任務は理解のレベルから実践的なレベルへと発展していかなければならないとした。そして、彼は「政治哲学は、もし一時的ないし偶然的な選択肢の根底に存する基本的な政治的選択肢が理解されることができれば、ともかく成立可能である。しかし政治哲学は、それが基本的な政治的選択肢の理解にとどまるならば、何らの実践的な価値も持たないことになる。何が賢明な行為の究極目標であるかという問いに答えることができるであろうし、決定的な決断は盲目的選択に委ねなければならなくなるであろう[12]」、とのべる。シュトラウスによれば、政治的諸原理についての意見を知識によって置換させるこころみが政治哲学なのである。政治哲学者は真理に関心をもち、学術論文によって政治哲学の研究を公表していかなければならないのである。[13]政治的な事柄の本質を理解しようとするならば、それに先立って政治的なことがらに関する知識をえなければならないのである。[14] このようなことから、一般的にいえば、政治哲学のはたすべき任務とは政治の本質を理解し、政治の価値の問題を取り扱うこととといえるであろう。

2 政治哲学の課題

政治哲学の研究の第一歩は、政治そのものを正しく知ることにはじまる。政治哲学の目的の第一としては、政治の本質を理解することにある。とすれば、政治哲学は「政治とは何か」を探究していく学問ということになる。政治哲学は、政治現象をその全体について考察し、政治の本質を明らかにし、政治の価値を規定し、政治の認識方法を提示することを課題としている。[15] ところで、政治の本質の究明とはいかなるものであろうか。アロン（Raymond Aron, 1905-83）によれば、「政治の哲学的問題とは、共同体の問題であり、集団のメンバーが適当とみなす真の秩序の問題である」。[16] さらに付言すれば、政治は人間に共同生活をさせる理論ないし方法であり、政治の目的はすべての人間を共同体に参加させることなのである。[17] また、バーリン（Isaiah Berlin, 1909-97）は政治哲学の中心問題として服従と強制をあげている。[18] そして、ウォーリン（Sheldon S. Wolin, 1922-）もまた政治と秩序の要素を両立させようとする試みが、政治哲学の主題であると指摘した。[19] このような政治の本質にかかわる諸問題、つまり共同体、支配、秩序、服従などを理解

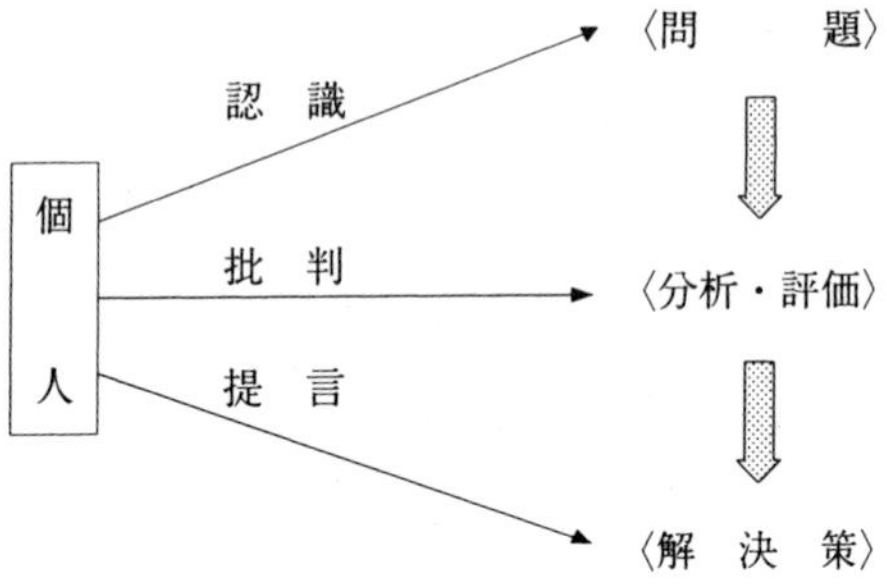

図1　政治的人間の哲学的思考

することが、政治哲学研究の要諦といえよう。オークショット（Michael Joseph Oakeshott, 1901-90）の、「政治的活動と深く結びつくことになった様々の一般概念――例えば、自然とか、人為、理性、意志、法、権威、義務など――を忍耐強く分析することは、我々の思考からいくらかの歪みを取り除き、諸概念のもっと経済的な使用へと導くことができるかぎりは、過大にも過小にも、評価されるべきではない活動である。しかしそれは実践的活動としてではなく、あくまでも説明的活動として理解されねばならない」[20]、という発言は示唆にとむものである。本書における筆者の政治哲学に対しての基本的なスタンスも、第一義的には政治の本質を知ることにあるのである。つまり、政治の本質を理解し、そしてそれらを説明的記述的に表現することなのである。この意味において、政治哲学＝政治認識の学といえよう。政治のエピステモロジーが、政治哲学といえる。

右記の図を検討してみよう。ひとは、ある政治的問題についてまず正しく認識することから哲学的思考をはじめる。つぎに、その問題に関しての分析、評価、といった批判的な思考がはたらく。さらに、批判的取り組みののちに、その問題に関しての解決策の提示・提言がなされる。つまり、正しい認識をえることがなければ、批判にしても、問題解決にしても、かなり歪んだものとなってしまうのは明白である。このように考えるならば、政治現象の観察者たる、また政治的行為者たるわれわれ市民が、政治に関しての正しい知識と理解を体得することが必要となる。政治哲学という学科目に課せられた使命は、まさに政治についての認識と視野の拡大をはかっていくことといえよう。本書では、Ⅰ政治的なるもの、Ⅱ共同体的なるもの、Ⅲイデオロギー的なるもの、以上の三つの領域に分けたうえで、それぞれに関係するキー・概念の分析を通して政治の実相に迫ってみることとしたい。

3　政治哲学の研究方法

政治哲学の課題と目的がひとまず確定した。それではつぎの検討問題として、政治哲学を研究するにあたってどのような方法をとればよいのであろうか。筆者は、以下のように考えている。すなわち、政治哲学の研究方法は政治思想史研究の手法を援用すべきである、と。政治哲学と政治思想史とは、一如の関係にある。南原もたしかに政治の哲学史の研究が不可欠であることをかねがね指摘していた[21]。オークショットは、「大学における政治研究は学部学生に二つの異なった理解方法、二つの思考方法、二つの説明言語、すなわち歴史の言葉と哲学の言葉に習熟する機会を与える」ことを主張した[22]。われわれは、政治哲学者たちが古典として残した種々の文献を研究することによって、彼らの思考方法や主張などを学び、そこから有益な示唆をえることが可能となってこよう。われわれの思考様式や観念形態は、いままさに突然変異的に派生してきたものではない。それらは、先行する思想や意識、伝統などの影響を直接間接にこうむりながら、構成されているのである。それゆえに、先人の残した人類の遺産とでもいうべき古典的文献を研究の与件として、そこからわれわれが直面する現実の課題に対する問題解決のヒントをえることができるであろう。先人が何を政治的な問題として把捉し、その問題についていかにして批判的取り組みをおこない、そしてどのような解決策を導きだしたのかを研究することは、形而上学的な、はたまた思弁的な作業ではない。それは、プラグマティックな側面をもつものである。ウォーリンは「政治哲学とは、万人の認める巨匠たちがたどった道を分析することによって、もっともよく理解される複雑な営み[23]」、としている。それだけに、政治哲学の歴史的分析が求められるのである。ハイデッガー（Martin Heidegger, 1889–1976）は「哲学的に第一義的なものは……本来の歴史的に存在するものをその歴史性において解釈することである[24]」とのべ、哲学研究にあって歴史研究の有効性を指摘した。哲学の目標は、自己の存在（性）を理解することである。政治の哲学的研究と歴史的研究を援用することによって、政治の本質の解明をおこなうのが、政治哲学という学科目の特色なのである[25]。

認識の問題にあってその起点となるものは、認識の主体と客体との関係である。ドイツの国家学者であるヘラー（Hermann Ignatz Heller, 1891–1933）は、「政治学の対象は、個々の研究者の主観的利害と視点に基づくよりも、むしろ政治的生活そのものの具体的な歴史的・社会学的な問題性とその争点に基づいて変化するものなのである。したがって、政治学においてある問題が取り上げられるのは、一人の研究者が政治的現実に恣意的に彼の主観的問題を持ち込むことによってではなく、研究者が体験するこの政治的現実そのもののなかに客観的に生じてきたなんらかの問題が解明を要求しているということによってなのである」[26]、と論じた。最近において、主観と客観との関係、思想家と思想との関係、については、スキナー（Quentin Skinner, 1940-）の議論がたいへんに興味深い。彼にしたがえば、「いかなる主体も自分の好ましくない社会的・政治的行為を正当化しようとする動機を標準的に所有しているという事実」がある。したがって、「主体が表明するために最終的に選んだ原理を検討することは、取りも直さず、一連の特定の行為を追求しようとする彼の決断を決定づけた基本的要因の一つを検討することにほかならないのである」[27]。とすれば、いままで多くの政治哲学者たちが使用した概念の意味や使用方法、拡大解釈、行為と原理との関係を研究することで、われわれはそれらの概念操作性や論理的整合性、論理的矛盾点などをはっきりと理解できるのである。

政治哲学の歴史的研究と、政治哲学者と彼がうちだした観念との関係を分析することで、哲学や思想の相対的性質、思想的な系譜、思想の継承関係、思想・哲学の問題解決能力などがわかることになる。また、「政治現象をみる形式を作り出すのは政治哲学であり、これらの現象を視覚化する仕方は、おおむね観察者がよってたつ場所によって決まる」[28]、とウォーリンはのべている。政治現象をなるべく客観的に解釈するにあたっては、われわれの視座の確立もまた大切なことである。この視座の確定に際しても、やはり政治哲学の研究が寄与することとなろう。さらに、ウォーリンは「政治思想の伝統は、過去と現在をつなぐ環を与えるものである。つまり、歴史上つぎつぎとあらわれた政治思想家が、一般的に共通の政治言語をひき続き使用し、一定の問題を政治の考察にふさわしいものとして受け入れてきたという事実があるからこそ、われわれははるか以前の世紀の政治思想が理解でき、それはまたわれわれをひきつけるのである[29]」と叙述した。政治哲学なり、政治思想の遺産は今日においても命脈を保ち続けている。われわれはこれらの伝統を受けて、政治的営為をおこなっている。それだけに、繰言になるが、ぜひとも政治の哲学史的研究が必要となってくるのである。

「哲学の真の社会的機能は、現実を支配しているものの批判である[30]」とホルクハイマー（Max Horkheimer, 1895-1976）は適切に表現した。批判的取り組みにあたっては、まず正しくものごとを認識することが肝要である。政治哲学は積極的に価値判断や評価や批判をおこなう学問である、と考える研究者も多い。また、政治哲学は規範の樹立をめざすべきものという立場をとる学者もいる。たしかに最終的には、それらの課題に主体的に取り組むことが必要となってはくる。しかしながら、本書にあっては、よりプラグマティックな取り組みをおこなうその準備段階として、政治の認識と理解を主眼において以下記述をしていくこととする。

4　政治哲学研究備忘録

本書にあっては、政治学における主要な概念の思想史的、哲学史的な検討をおこなう。あるものにとっては、それは「学のための学」という無味乾燥な研究に覚えるかもしれない。しかしながら、バーリンの以下のことばをよくよく吟味しておきたい。そして、われわれがこれから政治哲学を研究するに先立って念頭におくこととしたい。バーリンは政治哲学の課題について、つぎのようにのべている。

人生の目的を検討することです。政治哲学は本質的には社会状況に適用された道徳哲学です。この社会状況には、もちろん政治組織、個人の共同体、国家に対する関係、共同体と国家相互の関係などを含んでいます。政治哲学は権力についての哲学だと、人は言います。私は反対です。権力は純粋に経験的な問題で、観察、歴史分析、社会的調査によって解決される問題です。政治哲学は人生の目的、人間の社会的、集団的目的を検討します。政治哲学の仕事は、さまざまな社会目標のもとに打ち出されてくるさまざまな主張の有効性を、これら目標を特定し達成するための方法の正当性を検討することです。すべての哲学研究と同様、これらの見解の枠組みになっている言葉と概念を明確にして、人々が自分の信じているのは何なのか、彼らの行動が何を表現しているのかを理解できるようにします。それは、人間が追求しているさまざまな目的に対する賛成反対の議論を評価し、……馬鹿げたことを言わせないようにします。これが政治哲学の仕事であり、それはいつもそうでした。(31)

政治哲学を研究することで、政治のレトリックや欺瞞、詭弁、粉飾などを看破する能力が涵養される。また、政治哲学を学ぶことで、批判能力を鋭く磨ぎすませることができるのである。(32)さらに、政治哲学は、実際の政治活動の前提となっているものについての思惟的な探求なのである。(33)政治の基礎的な認識作業に取り組むに先だって、以上の諸点についてまずは確認しておくこととしたい。それではさっそく、Ⅰ政治的なるもの、Ⅱ共同体的なるもの、Ⅲイデオロギー的なるもの、それぞれのカテゴリーにおけるキー・コンセプトの検討にあたっていこう。

(1)　南原繁『政治哲学序説』（岩波書店、一九八八年）三―四頁。
(2)　同上一九頁。
(3)　同上三〇頁。
(4)　同上三〇頁。
(5)　同上三三頁。
(6)　原田鋼『政治哲学序説』（学芸書房、一九五七年）一頁。
(7)　同上二頁。
(8)　同上一二頁。
(9)　カトリン（竹原良文・柏経学訳）『体系政治学（下）』（法律文化社、一九七九年）五七七―五七八頁。

(10)　同『体系政治学（上）』七二―七三頁。
(11)　シュトラウス（石崎嘉彦訳）『政治哲学とは何か』（昭和堂、一九九二年）七―八頁。
(12)　シュトラウス（塚崎智・石崎嘉彦訳）『自然権と歴史』（昭和堂、一九八八年）四四頁。
(13)　シュトラウス『政治哲学とは何か』八―九頁。
(14)　同上一一頁。
(15)　多田真鋤『政治哲学の諸問題』（慶応通信、一九七九年）三頁。
(16)　アロン（長塚隆二訳）『変貌する産業社会』（荒地出版、一九七〇年）四七頁。
(17)　同上七六―七七頁。
(18)　アロン（曽村保信訳）『自由の論理』（荒地出版、一九七〇年）一九頁。
(19)　ウォーリン（尾形典男他訳）『西欧政治思想史Ⅰ』（福村出版、一九七九年）三八頁。
(20)　オークショット（島津格・森村進他訳）『政治における合理主義』（勁草書房、一九八八年）一五四頁。
(21)　南原繁『前掲書』二二頁。
(22)　オークショット『前掲書』三八八頁。
(23)　ウォーリン『前掲書』二〇頁。
(24)　ハイデッガー（桑木務訳）『存在と時間（上）』（岩波文庫、一九八五年）三二頁。
(25)　リンゼイ（紀藤信義訳）『現代民主主義国家』（未來社、一九六九年）五〇頁。
(26)　ヘラー（安世舟訳）『国家学』（未來社、一九七七年）四九頁。
(27)　スキナー（半沢孝麿・加藤節訳）『思想とは何か』（岩波書店、一九九〇年）二四五―二四六頁。
(28)　ウォーリン『前掲書』五〇―五一頁。
(29)　同上六二頁。
(30)　ホルクハイマー（久野収訳）『哲学の社会的機能』（晶文社、一九七四年）二四頁。
(31)　バーリン（河合秀和訳）『ある思想史家の回想』（みすず書房、一九九三年）七五頁。

(32) 同上五一頁。
(33) クレスピニイ／マイノウグ編（内山秀夫他訳）『現代の政治哲学者』（南窓社、一九七七年）三頁。

2　政治的空間

1　政治の概念

政治（politics）とは、いったいいかなる社会的営為なのであろうか。政治とは、どのような空間・領域で展開するのであろうか。政治の作用とは、いかなるものであろうか。政治学を専攻する学生諸君の多くが、これらの疑問をもつことであろう。

政治哲学史をふりかえってみたときに、多くの先人たちが政治について論じている。たとえば、古代ギリシャの政治哲学者アリストテレス（Aristoteles, B. C. 384-322）は、「人間は本性上市民社会的なもの」(1)、と考えた。そして、最高善が政治の目的とするところである。政治とは市民たちを一定の性質の人間に、すなわち善き人間、うるわしきをおこなうべき人間につくるということに最大の心遣いをなすものであるとした(2)。アリストテレスにとって、都市国家における個人を政治によって道徳化していくのが重要視されたのである(3)。近代イギリスの政治思想家であったロック（John Locke, 1632–1704）は「政治は国民の同意にのみ基礎をおくもの[4]」であり、統治の目的は人類の福祉にあると考えた[5]。また、ロックの考えをさらに発展させた二〇世紀を代表する政治思想家（政治的多元主義者）であったラスキ（Harold Joseph Laski, 1893–1950）は、「政治の目的が国民の福祉にあるとすれば、国民の福祉を達成するための基本的条件は国民が支配することだ[6]」、という。

ドイツの最大の思想家であったヴェーバー（Max Weaer, 1864–1920）は、「政治とは、われわれにとっては、国家相互の間であろうが、一国家内において、国家の包含する人間集団相互の間であろうが、権力の分け前にあずかろうとする努力であり、あるいは権力の分配を左右しようとする努力である[7]」、とし、「政治にとっては、決定的な手続きは、すなわち強制力である[8]」との立場をとっている。ナチス期にはなばなしい活躍をしたシュミット（Carl Schmitt, 1888–1985）は、政治的なものの特色として有名な友敵論を展開した。彼は、「政治的な行動や動機の基因と考えられる、特殊政治的な区別とは、友と敵という区別である」、とし、「友・敵の区別は、統合ないし分離、連合ないし離反の、もっとも強度なばあいをあらわすという意味をもつ[9]」、という。ヘラーはシュミットのこの見解について「無内容な友・敵行動主義は、思いのままになされるすべての乱闘と同一範疇に属するものであり、まさに、それだからこそ、それは、決して政治的なるものの固有の特徴づけをなす点にまでには至らず、せいぜい、すべての生活は闘争であるというような陳腐な見解に終わってしまうのがおちなのである[10]」、とし、ヘラーは政治的であることは、

「領土社会的な共同活動の自主的な組織化と行動化である」[11]、と定義した。以上概観したものは、西欧の政治哲学分野にあってほんの一握りの学者たちの見解である。政治の定義は、じつに多義的であり、論争的なものなのである。

日本の政治学界においても、戦前に唯一の論争とまでいわれた「政治概念論争」がおこった。おおきくは、国家現象説と集団現象説とにわかれて、それぞれのスタンスをとる研究者たちが各々の見解を披瀝しあった。この論争は止揚されることはなく、不毛な議論であったと総括するものもいる。しかし、政治概念論争をとおして、政治学方法論の洗練化や個別科学としての自覚を促した点で重要な議論であったといえよう。一例をあげると、矢部貞治（1902-67）は「政治はあくまで一体的国家秩序の創造と維持であり、それによって国家目的を実現することである」（絶対的国家現象説）とし、田畑忍（1902-94）は「政治は……対立的社会を全体的に統一すること、即ちそれの統制と言ふこと、つまり支配、支配的権力（国権・主権）という事、これこそ政治の本質である」（相対的国家現象説）とした。今中次麿（1893-1980）は「政治は集団的支配関係の現象である」（集団説）とし、堀豊彦（1899-1986）は「政治とは人間の社会集団において、集団的意思のはたらきを中核として集団の任務を決断し、その志向に副うその実現達成に努力する所に現はれる現象である」（共同目的実現説）と定義した。さらに、尾高朝雄（1899-1956）は「政治とは統一を目ざして対立し、対立を克服して統一を図ろうとする不断の弁証法的な過程に外ならない」（調整説）とのべた。また、原田鋼は「政治とは、権力欲という私的な契機によって個別的にになわれつつ社会を統営し、整序するという意味内容をもつ集団的な人間行為である」（政治行為説）[12]、との立場である。この原田説に対しては蠟山政道（1895-1980）からの批判がある。蠟山は集団的行為を通じて政治を把握しようとする立場は、首肯しがたいというのである。すなわち、「われわれは、私的契機たる権力欲や支配衝動が公的契機たる社会統営たる集団行為に転化する関係を理論的に樹立しようとして、その関係を担うこの人間行為たる政治行為を認めることには賛成できない。その権力欲から生まれる政治行為それ自身のうちにその鍵が見つかるわけではない。一定の政治行為が私的欲望から生まれて同時に公的機能たりうる所以は、その行為的性質そのもののうちにあるのではない。その行為はそれを孕みつつ含むところの人間の政治生活におけ る一定の役割として始めて重要な意味をもつのである。権力欲行為を合理化し、倫理化することは、権力の正当化なるものであって、政治生活における必然の要求となるが、その必然性は権力的行為のうちに見出しえない。その必然性は人間生活としての政治生活のうちにあるといわなくてはならない。そうして、それは皮肉にも政治行為説が一応の出発点として拒否した国家の問題との関連を呼び起こすのである[13]」、と。

このような批判が向けられた原田説ではあるが、けっして国家の問題を捨象してしまっているのではない。原田は、政治の論理的契機として支配組織体たる国家を綿密に分析している。原田説は政治が私的な動機にはじまり、それが公的な領域における支配や権力に発展していくプロセスに焦点をあて、政治の定義をおこなったものである[14]。その後の日本における政治学の発展をみれば、政治心理や意識について多大の関心がはらわれたのはたしかなことであった。原田説が国家の問題との関係を拒否したものと理解し、また、私的動機から政治概念を構成しようとしているのを非難した蠟山説は逆に一面的すぎたといえよう。

政治を一義的に定義することは困難なことである。政治哲学者がそれぞれの立場で政治を規定している。一般にいわれるように、政治学者の数だけ政治の定義があるのである。それだけに、政治哲学者がいかなるイデオロギーや思想的視座から政治について発言しているのか、を慎重に検討してみることが必要となってこよう。ところで、われわれは特定の立場に組することなくなるべく客観的に、以上みてきた種々の意見の最大公約数を求め、そのうえで政治を次のように把握してみることとしたい。

政治は、

①政治体制（political regime）の樹立化
②政治制度（political institution）の構築化
③政治組織（political organization）の構築化
④政策の定立と実施化

などの作用をおこなうものである。そして、特殊な例外的状況にあっては、

⑤政治体制内での抵抗（resistance）
⑥政治体制の変革（revolution）

などの反作用がおこってくるものである。

付言すれば、政治は一定の領域（領土）内に存在しているひとびとをある政治的理念の下で統合化することで具体的な展開が示されてくる。つまり、それは国家（政治体制）の成立である。それではなぜ国家が必要なのであろうか。それは、国家機構を樹立することで、われわれの生存が確保され、個人の自己発展・成長と幸福の条件の確保が原理的に可能となるからである。[15]そして、国家の成立にともない、立法、行政、司法、地方政府、法体系などの制度の整備がはかられる。さらに、それぞれの制度の具体的な運用が組織の構築化過程を通じてはかられることとなる。ところで、政治的な組織は何も国家機関だけではない。政党や各種団体もそれに含まれてくる。政治体制の樹立という点では、国家現象的な色合が強い。しかしその一方で、政治の組織化や政策策定については、きわめて社会現象的であるといえるのである。政治は統合化をめざす特質をもつ。統合とは、社会の統一過程であり、社会の成員を秩序づけ調和ある共同体にすることである。[16]統合は、社会の分裂要因を取りのぞき、社会の闘争を排除することであり、そのことによって社会連帯関係の維持発展をめざしていくものである。[17]

オークショットは「政治は、人々のあるまとまりを整序すること一般に関わる活動であるが、その人々は、整序化のある様態の認識を共有しているという点で、単一の共同体を構成していなければならない[18]」、と指摘している。しかしながら、政治は統合なり整序なりと定義しても、それは単に一面をとらえるにすぎない。政治はまた紛争をまきおこす契機ともなる点を見落としてはならない。とすれば、政治とは紛争の源泉であると同時に、紛争解決に努め種々の変化に対応しようと模索する活動であるとの見解が生じてこよう。(19) われわれは、この問題（例外的状況）を看過することなく、むしろ政治の重要テーマとしてとらえる。そして、政治的抵抗や市民的不服従についても取り上げることとする。南原は政治を定義して、以下のようにのべた。

社会共同体の統制であるが、単なる統制でなく、正しい政治——正義価値実現のための統制である。言いかえれば、所与の社会共同体秩序の単なる保存や維持ではなくして、より善い秩序の建設、理想的な社会共同体建設への不断の創造である。それは意欲し、情感する人間の共同社会生活における諸目的とそれを担う諸力の対立・闘争を前提とする。そして、それら調節し、統合してゆくところに、社会共同体の統制がある。(20)

政治は、ひとびとが過去との連続性を保ちつつ、現在ならびに未来を選択していく行為である。もし、圧制がおこなわれ、ひとびとの人権が抑圧されるような場合、当然のことながらそのような政治体制は清算され新たなシステムがひとびとによって創設されるであろう。政治を統制作用とだけ理解するのは、皮相的すぎよう。ひとびとの体制選択権まで視野に入れるならば、政治とはひとびとの社会協力関係に基づき、ある共同目的（理念）の実現をめざすべく、ひとびとが主体的にかつ自律的に秩序化、組織化をおこなう活動といえそうである。

2　支配と服従

ヴェーバーは、「支配とは……一人または数人の支配者の表示された意志（命令）が、他の（一人または数人の被支配者の）行動に影響をおよぼそうとし、また事実この行動が、社会的にみて著しい程度に、あたかも被支配者がこの命令の内容を、それが命令であるということ自体の故に、自分たちの行動の格率としたかのごとくに、おこなわれる（服従）というほどに、影響をおよぼしている事態である(21)」、とした。また、この対極に位置する服従については「服従者の行為が本質的に次のように経過するということを意味する。すなわち、服従者が、命令の内容を――それが命令であるということ自体の故に、しかももっぱら形式的な服従関係だけの故に、命令自体の価値または非価値についての自己の見解を顧慮することなく――、自己の行為の格率としたかのごとくに、彼の行為が経過するということである(22)」、と説明している。政治の世界では、少数の支配する人間と多数の服従する人間が対置する。それは、民主主義の政治体制であったとしても不可避的な現象である。少数の支配者は、つねに多数のひとびとの服従を調達しつづけることを希求してやまないこととなる。スピノザ（Baruch de Spinoza, 1632-1677）はこの点について、洞察している。そもそも「統治権の力は人間を恐れに依って強制し得るところのことにのみ存するのではなくて、凡そ人間を自己の諸命令へ服従せしめ得るあらゆる手段のなかに存するといふことである」[23]、とし、「服従といふものは外的活動よりも心の内的活動に関係する」[24]のである。統治権とはそれを掌握する人間が欲することならば無制限におこなえるといったものではない[25]。国家の目的も、「支配することではなく、又人間を恐怖によって制御して他者の権利のもとに立たしめることでもなく、むしろ反対に、各人を恐怖から解放し、かくて各人が出来るだけ安全に生活するやうにすること、換言すれば存在と活動に対する彼の自然権を自己ならびに他者を害することなしにもっともよく保持するやうにすることである」[26]、とスピノザはのべた。人間の精神と身体が機能すべく、また各人が自由に理性を使用し争うことなくするのが、国家の目的ととらえられた[27]。この点については、グリーンも同様であって、「国家は国家の成員の権利のより以上に完全且つ調和せる維持のための制度である」[28]とする。国家は社会が個人の権利を維持するためにとる態様である[29]。権利の維持が国家の最大任務なのである[30]。

このように、政治権力者は権力を掌握しているという事実から無条件的に自己の権力保有や政権基盤の強化をはかれるものではない。事態は逆に、政治権力者は服従者の権利や福祉の実現をめざさなければならないとする政治的な制約を受けている。支配者と服従者との相互関係・作用がはたらくのが政治のアリーナであり、政治の実態といえよう。ヘラーが指摘したように、権力は支配者のみに帰属するのではない。服従者が支配者を作るのである[31]。政治の世界にあって特徴的なことは、支配者と服従者とが現実に相関関係にたつとき権力現象が派生してくるということなのである[32]。支配＝服従関係は、結局は人間によって担われる社会関係である。そこには、どう

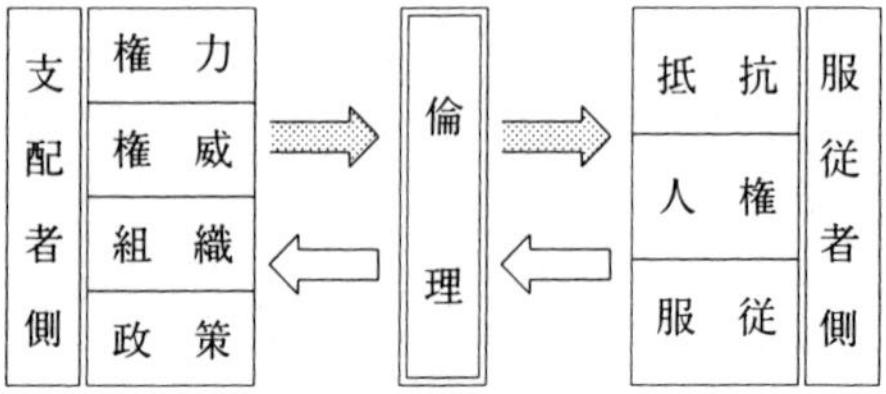

図2　政治的空間

しても心理的な問題が絡んでくる。ここにおいて、前述の政治行為説が理論的に有効となってくるのである。支配者は服従者の反応（心理的意識的反応）を予測しつつ政治権力を行使する。支配者は服従者の存在を前提としてはじめてその政治的地位が確定してくる。服従者はただ支配を受けつづけるという受動的消極的な存在ではありえない。むしろ、積極的に政治の支配的作用に相対するものである。

上記の図を参照してほしい。政治という現象は支配者側に位置する権力、統制、権威などのファクターと服従者側に位置する人権、認証、抵抗などのファクターが相互に関係し、ほどよく均衡状態をたもつところにおいてはじめて社会的営為として認知を受けることになるのである。筆者は、政治的なるものはつねに支配者と服従者との相互関係において成り立つ社会現象とみる。そして、両者の中間領域にいわば媒介概念として倫理（本書5倫理・正当化参照）が介在してくるのである。まとめてみよう。政治とは、間主観関係＝社会連帯関係の維持のために、①秩序化・整序化をはかり、②権利を維持発展させ、③社会的な価値・資源を配分していくことなのである。[33]

本書では、I政治的なるもの、II共同体的なるもの、IIIイデオロギー的なるもの、以上三つのカテゴリーから政治の実相に迫っていくこととしたい。その際、図2・政治的空間にかかげた諸契機について個々に取り上げ論じていくこととする。結局のところ、われわれがこころみようとするのは、支配＝服従関係の構造をさぐっていくことにほかならないのである。

(1) アリストテレス（高田三郎訳）『ニコマコス倫理学（上）』（岩波文庫、一九八二年）三一頁。
(2) 同上四一頁。
(3) アリストテレス（山本光雄訳）『政治学』（岩波文庫、一九八五年）三五―三六頁。
(4) ロック（宮川透訳）「統治論」『世界の名著二七』（中央公論社、一九六八年）三〇三頁。
(5) 同上三三六頁。
(6) ラスキ（関嘉彦訳）「服従の危機」『世界大思想全集二六』（河出書房、一九五六年）二八九頁。
(7) ヴェーバー（西島芳二訳）『職業としての政治』（角川文庫、一九七九年）一一頁。
(8) 同上八八頁。
(9) シュミット（田中浩・原田武雄訳）『政治的なものの概念』（未來社、一九八二年）一五頁。
(10) ヘラー『国家学』三〇一―三〇二頁。
(11) 同上二九八頁。
(12) 蠟山政道『日本における近代政治学の発達』（新泉社、一九七〇年）一八七―二一二頁。なお、今中、蠟山、戸沢の政治体系については、田口富久治『日本政治学史の展開』（未來社、一九九〇年）がある。
(13) 蠟山政道『政治学原理』（岩波書店、一九六三年）八二頁。
(14) 拙稿「原田鋼の政治学（三）」『駒大法学部研究紀要』第五三号一四―二三頁。
(15) ヘッフェ（青木隆嘉訳）『倫理・政治的ディスクール』（法政大学出版局、一九九一年）八八頁。
(16) デュベルジェ（横田地弘訳）『政治学入門』（みすず書房、一九七五年）一四六頁。
(17) 同上一四六・一五二頁。

(18) オークショット『政治学における合理主義』一四頁。
(19) ウォーリン『西欧政治思想史Ⅰ』三八頁。
(20) 南原繁『政治理論史』(東京大学出版会、一九七六年)一頁。
(21) ヴェーバー(世良晃志郎訳)『支配の社会学Ⅰ』(創文社、一九六〇年)一一頁。
(22) ヴェーバー(世良晃志郎訳)『支配の諸類型』(創文社、一九七九年)七頁。
(23) スピノザ(畠中尚志訳)『神学・政治論(下)』(岩波文庫、一九九五年)一九一頁。
(24) 同上一九二頁。
(25) 同上一九三頁。
(26) 同上二七五頁。
(27) 同上二七五頁。
(28) グリーン(北岡勲訳)『政治義務の原理』(駿河台出版社、一九五二年)一七〇頁。
(29) 同上一七七頁。
(30) 同上一八九頁。
(31) ヘラー『国家学』三五三―三五四頁。
(32) ティマーシェフ(川島武宜他訳)『法社会学』(東京大学出版会、一九六八年)一九五頁。
(33) 筆者は以前に政治をつぎのように定義した。「政治は国民が自己の諸自由・権利を擁護し実現させていくため主体的自律的に共同統治に関与していくプロセスである」、と。本書における筆者の立場はいささかも変わることはない。前著における見解の延長線上にある(拙著『政治学原論序説』(勁草書房、一九九四年)六頁)。

3 政治権力

1 政治権力とは何か

政治権力（political power）は物理的強制力（軍隊・警察）に底礎されつつ、被支配者の服従をかちえるために経済的（福祉サービス）、社会的心理的（教育・操作）、法的（抑止法）レベルで顕在化し作用するものである。政治権力を掌握するものは、後述する権威という心理的＝意識的支配力とこの物理的支配力とをともに携えて支配の完全化をはかるのである。ラスウェル（Harold Dwight Lasswell, 1902-78）は「軍隊と警察は肉体に対する強制力を行使するものだし、経済組織はだいたいにおいて賞罰を誘引したり制止的にしたりして利用する。学校、教会、政党などの目指すところは、もっぱら世論に影響を及ぼすところにある」[1]、とのべている。このように、権力という概念は個人ないし集団がたとえ相手の抵抗にあったとしても自らの関心や利害を優先することのできるものといえよう。[2]

2　政治哲学史上あらわれた政治権力論

政治権力は、政治哲学研究上重要概念のひとつである。ふるくより多くの政治哲学者たちが政治権力を分析し、これを定義してきた。おおきくわけて、ドイツ系の政治権力論の系譜とアメリカ系のそれとがある。

ドイツ系政治権力論　ドイツ系政治権力論の系譜にあっても権力を肯定的にとらえる立場と否定的にとらえる立場とがある。憲法学者のイェリネック（Georg Jellinek, 1851-1911）は「支配権力は抵抗し得ない権力である。支配とは無条件に命令することができ、執行権を強制しうることを意味する。服従者は、いかなる力からも脱することはできるが、ただ支配権力からは脱し得ない[3]」、とし、「支配することが国家権力である[4]」、と定義した。社会経済史学者のヴェーバーは「権力は、社会関係のなかで抵抗に逆らっても自己の意思を貫徹するおのおののチャンスを意味する。支配とは、一定の内容をもつ命令に所与の人々が服従するチャンスのことをいうべきである[5]」、とのべる。このように近代国家成立以降、国家が政治権力を排他的独占的に掌握することになったのである。ここにおいて、政治権力＝公権力＝国家権力という図式が成り立つのである。ヴェーバーにしろイェリネックにしろ、国家権力により富国強兵政策を積極的に推進していこうとするドイツ帝国を肯定していくイデオローグの一面をもつものであった。ところで、このような政治権力＝公権力＝国家権力観を否定的にとらえる見解が提起されてくる。すなわち、階級国家論が、それである。マルクス（Karl Marx, 1818-83）は、以下のように語っている。

常備軍、警察、官僚、聖職者、裁判官といういたるところにゆきわたった機関をもつ中央集権的な国家権力は、絶対君主制の時代に始まるものであって、生まれかけていた中産階級社会にとって、封建制度とたたかうための強力な武器として役立った。とはいえ、この国家権力の発展は、あらゆる種類の中世的ながらくた、すなわち、領主権や、地方的特権や、都市およびギルドの独占や、地方的法政によって、なおも妨げられていた。一八世紀のフランス革命の巨大な箒は、過ぎさった時代のこれらの遺物をことごとく一掃し、こうして同時に社会の土壌から、近代的な国家構築物という上部構造の成立を妨げていた最後の障害物を取り除いた。……近代工業の進歩が資本と労働の階級敵対を発展させ、拡大し、強化するのと歩調をともにして、国家権力は労働に対する資本の全国家権力、社会的奴隷化のために組織された公的強力、階級専制の機関という性格をますますおびるようになった。(6)

マルクスは、国家権力を中産階級の創造物であるとみた。当初それは封建制度の打破に際して有力な武器となったが、現在では労働者階級の解放を阻止する手段となっている。国家権力は支配階級にとって被支配階級を隷属させるための手段となっている。マルクスは、この権力を資本家階級から労働者階級の手に移させる革命を主張するのであった。

マルクス主義の立場からエンゲルス（Friedrich Engels, 1820-95）は「抗争しあう経済的利害をもつ諸階級が無益な闘争のうちに自分自身と社会とを消尽させないためには、外見上社会の上にたってこの抗争を和らげ、これを秩序の枠内に保つべき権力が必要となった。そして、社会からできながらも、社会の上に立ち、社会からますます疎外してゆくこの権力が、国家なのである(7)」、とし、この国家権力を経済的支配階級であるブルジョアジーが掌握すると考えたのである。マルクス主義はブルジョアジーが掌握する政治権力を批判したものの、政治権力それ自体は必ずしも否定しているのではない。その例示としては、レーニン（Vladimir Iliitch Lenin, 1870-1924 のつぎの発言からも明らかであろう。

マルクス……の階級闘争的学説は、必然的に、プロレタリアートの政治的支配、その独裁の承認に、すなわち、他のなんぴととも分有されない、大衆の武装力に直接依拠する権力の承認にみちびく。ブルジョアジーの打倒は、ブルジョアジーの不可避的で絶望的な反抗を抑圧して、新しい経済制度のためにすべての勤労被搾取大衆を組織する能力をもつ支配階級に、プロレタリアートが転化することによってはじめて実現されうる。プロレタリアートには、国家権力、すなわち、中央集権的な権力組織、暴力組織が必要であるが、それは、搾取者の反抗を抑圧するためにも、社会主義経済を組織する言葉において膨大な住民大衆、すなわち農民、小ブルジョアジー、半プロレタリアを指導するためにも必要なのである。(8)

このように、国家権力の掌握者が〈君主↓ブルジョアジー↓プロレタリアート〉と移行していくであろうことをマルクス主義は論じたのである。一般的にいって、権力の主体が君主から市民階級に変化をとげたという歴史認識はあながち間違ってはいないのである。また、資本家階級が労働者階級を支配し、搾取に及んでいたという分析も一面では正しかった。ただし、マルクス主義理論の欠陥は革命によってプロレタリアートが権力を奪取することのユートピア的な展望を抱いたことなのであった。

ドイツの一般国家学の社会的政治的側面を実体論的に発展させていったヘラーは、権力についてつぎのような見方をしている。政治権力は社会関係であって個人的な政治的能力ではない。(9)そして彼は、「国家権力の客観的作用は、権力従属者だけにも、また誰かある権力保持者にも帰属させることはできないのである。それは常に、この両者の共同活動によって成立し、存続するものなのである。権力保持者は、国家における権力を持つが、しかし決して国家の権力を保有するのでないのである(10)」、と分析している。そのうえで、ヘラーは服従者が支配者をつくるのであり、権力は支配者にのみ帰属するのではないことを主張している。(11)このヘラーの認識は、やがてノイマン（Franz Leopold Neumann, 1900–54）の「政治権力は、国家に焦点をあわせた社会的権力である。それは、国家の行動の立法、行政、司法活動に影響を与えるための他者の行動のコントロールを意味する。政治権力は他者の行動のコントロールであるから、政治権力はつねに支配するものと服従するものとの双方的な関係である[12]」、との考えにつながる。

最近では、ハーバーマス（Jurgen Haaermas, 1929–）が「国家は公権力である。それが公的という性格を帯びるのは、公共の福祉、すなわち同一の法を享有するすべての人々の共通の福祉を配慮することを課題としているからである[13]」、とのべた。国家権力の決定に影響を及ぼそうとするものは公衆からの正当性を取り付けなければならないのである[14]。さらに、オッフェ（Claus Offe, 1940–）は「社会システムにあっては、権力とは関係概念としてのみ意味があり、〔支配者＝服従者〕両要素間の補完関係に他ならない。私が何かに対する権力をもっているのは、この何かがその固有の構造からして私の権力行使を許しそれに同意する。したがっていわば、それ自体が私に権力行使の権限を与える場合だけである。こうした補完条件以外の唯一の関係が直接の物理的暴力である[15]」、と記述している。オッフェは権力のコンフリクトと統合理論を対比しつつ、以下のように説明する。コンフリクト理論の立場をとるひとびとの見解によれば、他ならぬ後期資本制的な、民主制的に編成された政治システムを適切に分析できるのは、支配者と被支配者との対立、つまり権力をもった寡頭集団、階級、集団と、自らの利益を抑圧されその実現を妨げられている、相対的に権力のない集団や階級との対立という背景をふまえてこれらの政治システムを観察する場合だけである。統合理論は全体的な社会システムの維持に対して、権力のポテンシャルな貢献を前面におしだす。権力の制度的利用ないし用益の側面を強調するのである。[16]

アメリカ系政治権力論　アメリカ政治学にあっては、権力論は政治的影響論として展開してきたといえよう。権力はコントロール、影響力と同一視されている。しかしそれは、社会的権力と政治権力との混同が見受けられる。[17]マッキーバー（Roaert Morrison MacIver, 1882-1970）は、社会権力を何らかの関係において他人の奉仕または服従を意のままにできる能力と定義した。[18]そして、政府の行使する権力もあくまで社会権力の一種にすぎないと位置付けた。[19]まさしく、多元的国家論の視点そのものである。彼は、「政治権力は、他の権力が争うことのできない使命と権威をもっている。政治権力のみが、全共同社会の機関である。それのみが、信条とか階級とか人種に関係なく、その領土内に生活するすべての者の服従を必要としかつ要求する」[20]のであり、「政治権力の諸目的は政治権力が絶対であることを必要としないで、単に憲法上の制限に服する以外、それが命ずることはどんなことに関しても最高たることを必要とし、かつ政治権力のみが究極において強制権をもちそしてそれのみが強制を保証するに必要な実力を賦与されていることを必要とする[21]」、とまとめた。ラスウェルは権力への内的欲求が政治における重大な一契機であると考えている。[22]彼は政治人（ホモ・ポリティコス）モデルを提出した。すなわち、

①政治人は権力を要求し、権力のための手段としてのみ他の価値を追求する。
②政治人は権力への要求に貪欲あくことを知らない。
③政治人は他者から区別される我という意味での自己のためにのみ権力を追求する。
④政治人の期待は権力を用いて成功した過去の歴史及び未来の可能性に集中される。
⑤政治人は自己の要求にふさわしい技能を獲得し行使する充分の能力を有する。[23]

ラスウェルは権力の占有が支配の条件であると理解した。[24] そして、彼は権力とは決定の作成への参与である。すなわち、もしGがHのK政策に影響をおよぼすような決定の作成に参与する場合、Gは価値Kに関し、Hに対して権力をもつことを説明する。権力のアリーナとは、権力を要求するひとびとと、または権力領域にいるひとびとによって構成される状況である。政治人とはすべての価値との関係において自己の権力の極大化を要求し、その権力が他の権力を決定することを期待し、権力の位置及びその潜在能力を増進する手段として他者との同一化をなすところの人間である。[25] ラスウェルにより、権力欲という心理的なアスペクトが明確となった。人間は権力を欲する。権力はひとつの価値である。[26] ひとは社会のなかでこの権力を獲得しようとするのである。メリアム（Charles Edward Merriam, 1874-1953）は「権力はなによりもまず、集団の統合現象であり、集団形成の必要性や有用性から生まれるものである。つまり、権力は人間の社会的諸関係の一つの函数なのである[27]」、という。権力の基礎は社会のなかに求められると、メリアムはみた[28]。ところで、メリアムの議論のなかでユニークなのは権力の病理的な側面にも言及していることである。彼によれば、権力にはひとを魅惑するどころか嫌悪の念をおこさせる場合もある。たとえば、暴力、残虐さ、傲慢、偽善、欺瞞、謀略、汚職、不決断などのイメージがつきまとうのである[29]。メリアムはこのようなアンビバレントな性質をもつ権力が弱体化するケースとして、権力が暴力を直接行使する場合をあげる[30]。また、社会的統合が揺らいでいるとき、指導者たちのガヴァナビリティーが喪失しつつあるとき、などの場合もである[31]。このような政治状況が極限にまでいたれば、やがて新しい権力が発生してくることを洞察しているのである[32]。

社会学の観点から独創的な権力論を提起したのは、パーソンズ（Talcott Parsons, 1902–79）であった。それは、社会体系（システム）論である。パーソンズは政治を定義して次のようにのべる。すなわち、「政治は集合的目標を集合的に追求するという機能に関連するすべての行為の側面として分析的に考えられたものである[33]」、と。そして、政治は第一に集合目標とこれを実現するのに必要な権威と権力とを政治的下位体系の価値からではなく、より広い社会体系の価値の観点から正統化することである。政治の正統化の下位体系は立憲体系と司法機関を中心とする。この下位体系は社会の統合的構造を含む。第二に、政治体系は社会内から資源を動員し、政策の実現のためにそれを使用する機関である。つまり、官僚制的機能をもつ。第三に、政策に対する選挙民の支持を動員する[34]。政治は社会体系のなかで、隣接する経済体系や統合体系と相互交換をおこなっている[35]。政治権力はゼロ・サム的現象ではない。社会体系内である権力量の増大につれて、

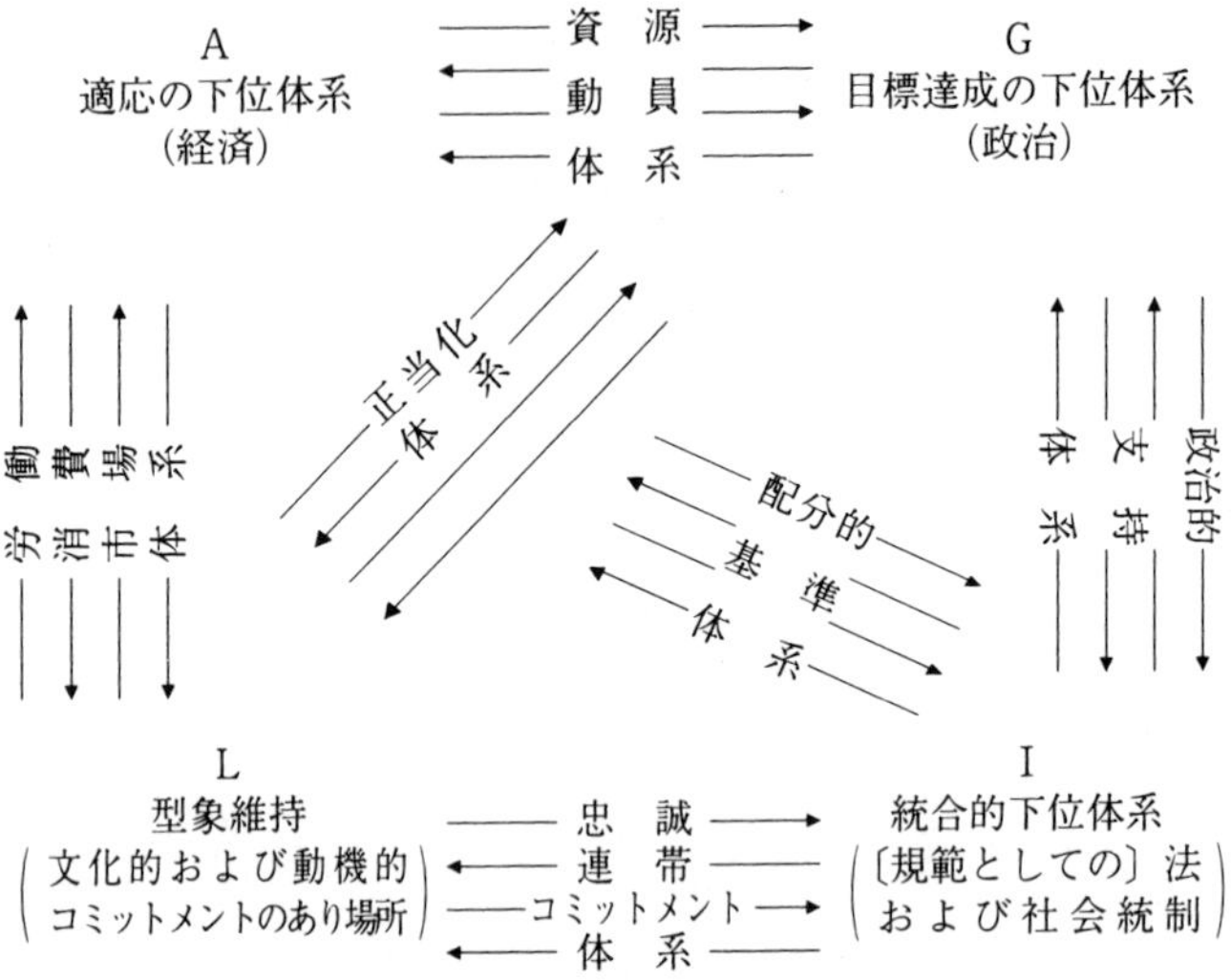

図3　社会の相互交換体系

出典：パーソンズ（新明正道監訳）『政治と社会構造（下）』誠信書房 1978年，125頁。

他の権力の減少をまねくようなものではない(36)。パーソンズはほとんどの政治学者たちが権力というものがゼロ・サム的現象であることを前提としてきたことを批判している。社会体系論からすれば、一体系内である集団のもつ権力の量が増大するということは、他の集団の権力量の減少をもたらすものではないことを、パーソンズはあきらかにしようとした(37)。また、政治権力という概念を集合的な脈絡のなかでもちいるべきことを強調するのであった(38)。ところで、だれが統治するのか、だれが政治権力を掌握しているのか、またそれが政策決定に影響力を行使するのか、ということを基準として、政治権力の実体に迫ろうとするのとは別に、以下のような捉え方もある。つまり、だれがどの程度利益を政府から引き出してくるのか、という尺度である。各種のサービスや資金、地位、機会などの価値の分配を多く受けたものが、もっとも多くの政治的権力を行使できた者なのである。[39]

3　ギデンズの交換能力論

最近では、社会学者のギデンズ（Anthony Giddens, 1933-）が権力論を以下のように整理しているのが注目される。つまり、ギデンズはヴェーバーのように権力を達成しようとする行為者の能力として概念化する立場と、またパーソンズのように権力を集合体の犠牲としてとらえようとする立場とを比較対照する。そのうえで、ヴェーバー理論もパーソンズ理論もともに不十分な概念化であるという。ギデンズ自身は「資源を権力の基礎もしくは媒介物と考える。ここで権力とは、支配の構造を意味しており、相互行為のさい当事者のよりどころとなるものであり、構造の二重性をとおして再生産されるものである。権力はちょうど規則が社会的実践をとおして再生産されるものである。権力はちょうど規則が社会的実践をとおして生成されるのと同様に、一定の支配の形態によって生みだされる。実際、権力は社会的実践の不可欠な要素ないし側面である」[40]、という。さらに彼は、権力を二重の意味でとらえる。権力は制度のレベルでは相互行為過程に関係するものであり、戦略的行為のレベルでは結果をなしとげるためにもちいられるのである。後者のレベルでは、権力は交換能力として理解される。すなわち、行為は世界内事象への介入をともなっているから、行為主体がやるにせよやめるにせよ意図的行為の場合には、一定の結果が生みだされる。交換能力としての権力はこのような結果を達成しようとする行為主体の能力を示すためにもちいることができる(41)。

交換能力は、行為者がこの能力を利用して他者を自分たちの欲望に従わせようとする相互行為を意味する。権力は社会システムにおいては、社会的相互行為の自律と依存の関係の再生産にかかわるものとして扱うことができる。社会関係における一方の行為者の権力がもつ一方の行為者の権力とくらべてどんなに小さくても権力関係はつねに双方的である。権力関係は自律と依存の関係であるが、どんなに自律的な行為主体もある程度従属しており、逆に従属的な行為者は関係においてある程度の自律性を保持していることとなる(42)。権力は交換能力としての考え方と支配としての考え方とを概念的に媒介している。権力は関係概念である。権力は支配構造が生み出す交換能力によって作用するのである(43)。

交換能力としての権力は一連の出来事の経過を変更する目的でそれら一連の出来事に介入していく行為者の能力である。権力は意図や欲求と追求された結果とを媒介する「できる能力」である。関係論的な意味での権力は相互行為の属性であって、結果が他者の行為に依存する場合、そうした結果を確実なものとする能力として定義できる。ひとが他者に対して権力をもつとは、この意味においてである。これが、支配としての権力である(44)。ギデンズはヴェーバーによって定式化したような意図や意志との関連を否定した。権力概念は政治的文脈でとらえられる。行為者の追求する目的と決定との関係において表出されるのである[45]。権力は能力であり[46]、それが行使されるときにのみ存在するのではないのである[47]。ギデンズは権力を「結果達成のための手段を構成するために、資源を動員する行為主体の能力を意味したのであり、権力は人間の行為の交換能力をさす[48]」、とした。

4　政治権力の機能

政治的空間における政治権力の実体を把握することは難しい。ある特定の個人が権力を所有する場合には比較的簡単に把握できる（権力実体説）。しかし、そのような個人的権力は一時的なものであり、不安定である。これに対して、非人格的抽象的なもの（法、階級、集団）が権力をもつ場合がある。これは、永続的なこともある。このような権力は社会の要求により支えられている[49]。この場合には、権力をだれが掌握しているのかという実体論的な究明が必要となる。一般的にいって、権力はそもそも人格的な（所有物としての）権力から（集団・社会における）機能的な権力へと変化してきたと考えられる[50]。政治権力が国家によって排他的独占的に掌握されることになり、また支配者と服従者との社会的関係において権力が成立するとすれば、政治権力はきわめて公共的な性格を有することになる。それでは、政治権力の目的とはいかなるものなのであろうか。筆者は、以下のように整理したい。

①政治権力は社会秩序の実現・確立・維持を目的とする。
②政治権力はひとびとの権利の擁護・保障・発展を目的とする。[51]
③政治権力はひとびとの福祉や生活条件の向上を目的とする。
④政治権力はひとびとの政治参加のチャンスを最大限保障していくことで、国民の合意の獲得を目的とする。
⑤政治権力は社会的な理想の実現を目的とする。

政治権力に潜むアンチノミーはそれがきわめて強い公共的な性質を帯びながらも、権力の保持者たちの非合理的な契機によってになわれていることである。[52] また、政治権力がひとつの価値としてそれを獲得したり拡大化させたりする可能性をはらんでいることである。それゆえ、伝統的な政治学（者たち）は権力の問題をその制限やその統制の問題としたのであった。政治権力は自己の望むところをすべて成し遂げることは無理である。政治権力の限界も指摘できる。それは、政治権力が支配者と服従者との関係において成立する点に深く内在している。支配とは服従を見いだすことであるが、政治権力の掌握者は政治権力を保持しているという事実によって服従者の同意や支持をかちとれるほどことは単純ではないのである。政治権力はある公共的な目的に合致しているかぎりにおいて、ひとびとの承認をえるのである。また、政治権力はひとびとに何かしらの利益をえさせることで、はじめて服従が調達できるのである。ブラウ（Peter Michael Blau, 1918-2002）は、「服従を命ずる権力は信用に相当するものである。信用によってひとは将来、種々の利益を獲得するために彼に義務を負う人びとを自由に利用しうる。重要なサービスの一方的供給はこの種の信用を確立し、それゆえ権力の源泉なのである」[53]、と指摘したのはただしい。政治権力はまた自己の正当化をはからねばならない[54]。政治権力の安定度は自発的能動的服従の獲得の度合いに比例するのである[55]。権力が強化されるのは自発的な服従が調達できないからである。権力の行使はかえって服従者の離反をまねいていくのである。

5　政治権力の顕在化と潜在化

政治権力は社会的な関係において成立する。それゆえ、権力のおかれた布置状況にしたがってその態様をかえる（その逆のケースもまたありえる）。政治権力は政治体制の変化につれて、その発動形態をかえるということである。

伝統的な政治体制が解体し、それにかわって新しい政治体制が創設されるときに、政治権力（物理的強制力）は顕在化してくるのである。旧制度と新制度とをそれぞれ支持する勢力とのあいだで権力闘争がくりひろげられる。新政府が樹立したとしても、権力（物理的強制力・ナマの赤

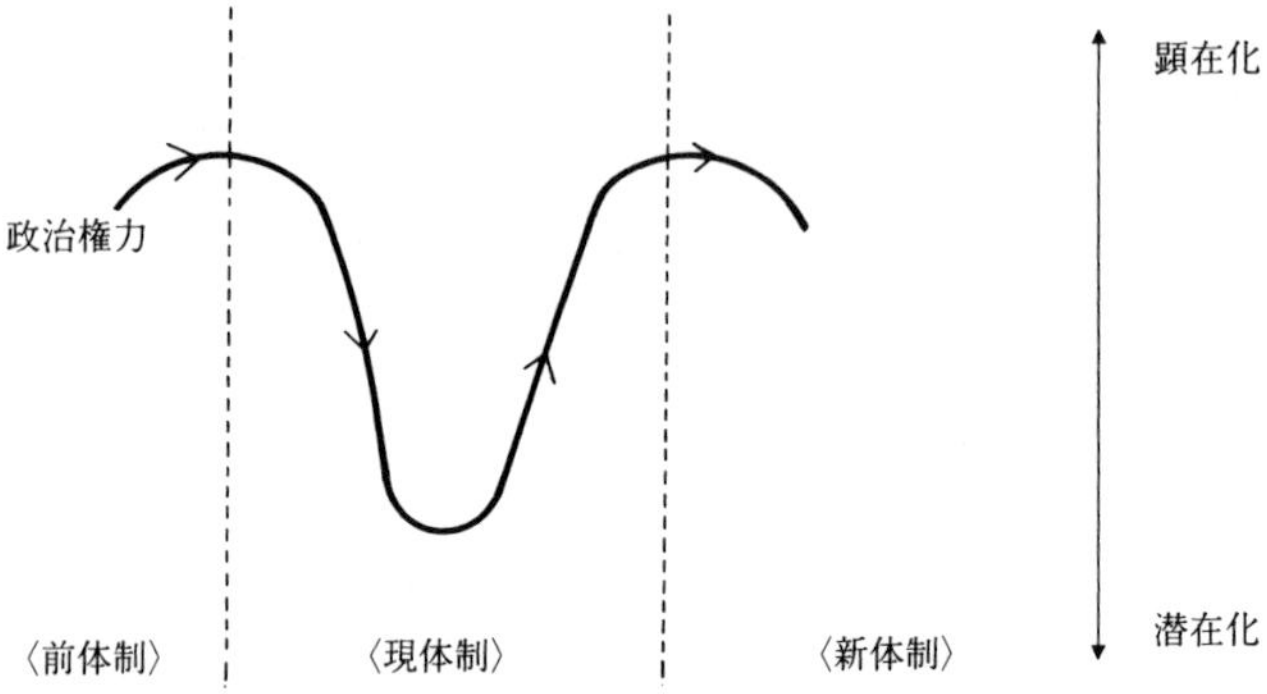

図4　政治権力の発動の推移

裸々な力）は発動しつづけられる。というのも、まだ旧体制に忠誠を尽くす残存勢力があったり、一般のひとびとも新政府が山のものとも海のものとも判別できなければ積極的な支持には回らない。このような政治状況にあっては、それらのグループを制圧するために権力が行使されるのである。この場合、ラッセル（Bertrand Russel, 1872–1970）のいうように、社会の団結を維持することができるものは、わずかにむきだしの権力の行使だけという状況が現出しているのである[56]。しかし、やがて政治体制が安定化してくるにつれて権力の直接的な行使は差し控えられてくる。つまり、むやみやたらの権力の行使は効果がみられるどころかかえって服従者たちに抑圧意識や反発感をもたらすことになるからである。民衆はむきだしの権力には従わない[57]。また、権力の行使には高いコストがつきまとうこととなる。このようなわけで、権力の直接的行使に替るべき何か非暴力的なもの（権威や政策）によって自発的な服従を調達することになる。要約すれば、政治体制の転換期には権力は顕在化する。また、政治体制の安定期には権力は潜在化するといえよう。しかしながら、政治体制の安定期にあったとしても、政府の政策の失敗、統治能力の喪失により、民心が離れていく場合どうなるであろうか。政府は反政府行動を取り締まることになり、物理的強制力を発動する。政治権力者はこれにより、政権基盤の維持と強化をこころみる。だが、政治権力はあくまでも支配者と服従者との相互関係において成立している以上、支配者の一方的な行為は何らの意味ももたないのは自明である。ここにおいて、政治権力の実効性と有効性とが消失してしまうのである。服従者の意向を無視して強権を発動しつづけることには、おのずと限界がある。服従者の支持をえられなければ、権力者は支配者の地位を投げ出したり、政府そのものが変更されたり、また政治体制そのものが変革してしまう結果となろう。

（1）ラスウェル（久保田きぬ子訳）『政治』（岩波書店、一九五九年）三六頁。
（2）ギデンズ（友枝敏雄訳）『社会学の最前線』（ハーベスト社、一九九二年）五三頁。
（3）イェリネック（芦部信喜他訳）『一般国家学』（学陽書房、一九七四年）三四一頁。
（4）同上三四二頁。
（5）ヴェーバー（阿閉吉男・内藤莞爾訳）『社会学の基礎概念』（角川文庫、一九七八年）九〇頁。
（6）マルクス（村田陽一訳）『フランスにおける内乱』（大月書店、一九七七年）七七頁。
（7）エンゲルス（平原四郎訳）『家族・私有財産・国家の起源』（岩波文庫、一九七八年）二二五頁。
（8）レーニン（宇高基輔訳）『国家と革命』（岩波文庫、一九六五年）四二頁。
（9）ヘラー『国家学』二八〇頁。

(10) 同上三四六―三四七頁。
(11) 同上三五三頁。
(12) ノイマン「政治権力研究へのアプローチ」鈴木幸寿編訳『政治権力』(誠信書房、一九六一年) 二頁。
(13) ハーバーマス(細谷貞男訳)『公共性の構造転換』(未來社、一九七七年) 一二頁。
(14) 同上八六頁。
(15) オッフェ(寿福真美訳)『後期資本制社会システム』(法政大学出版局、一九八八年) 四五頁。
(16) 同上二―四頁。
(17) カレンスキー(稲子恒夫訳)『現代のアメリカ政治学』(青木書店、一九七六年) 二二一―二二三頁。
(18) マッキーバー(秋永肇訳)『政府論(上)』(勁草書房、一九五四年) 九七頁。
(19) 同上一〇二頁。
(20) 同上一一一頁。
(21) 同上一一二頁。
(22) ラスウェル(永井陽之助訳)『権力と人間』(東京創元社、一九五四年) 二八頁。
(23) 同上六六頁。
(24) 同上二八八頁。
(25) 同上二七七頁。
(26) 同上二〇頁。
(27) メリアム(斉藤真他訳)『政治権力(上)』(東京大学出版会、一九七七年) 二二一頁。
(28) 同上四六頁。
(29) 同上一九五頁。
(30) 同上二六三頁。
(31) 同上(下) 三九〇頁。

(32)　同上（下）三九一―三九二頁。
(33)　パーソンズ（新明正道監訳）『政治と社会構造（下）』（誠信書房、一九七八年）一〇頁。
(34)　同上三九―四〇頁。
(35)　同上五五頁。
(36)　同上五一頁。
(37)　パーソンズ（田野崎昭夫訳）『社会体系と行為理論の展開』（誠信書房、一九九二年）二七三頁。
(38)　同上二七八頁。
(39)　リプセット（矢崎修次郎他訳）『現代政治学の基礎』（東京大学出版会、一九七三年）一八六頁。
(40)　ギデンズ『社会学の最前線』七四頁。
(41)　同上九四―九五頁。
(42)　同上一〇〇頁。
(43)　同上九九頁。
(44)　ギデンズ『社会学の新しい方法規準』（而立書房、一九八七年）一五九頁。
(45)　ギデンズ『社会学の最前線』九九―一〇〇頁。
(46)　同上七三頁。
(47)　ギデンズ『社会学の新しい方法規準』一五九頁。
(48)　同上一五七頁。
(49)　マルサル（上村正訳）『権力』（白水社、一九五九年）三三―三五頁。
(50)　マンハイム（池田秀男訳）『自由・権力・民主的計画』（未來社、一九七一年）九八頁。
(51)　ロックによれば、「政治権力とは……所有権を調整し保全するために……法律をつくり、このような法律を執行し外敵から国家を防衛するにあたって共同社会の力を使用する権利のことであり、しかもおしなべてこのようなことを公共の福祉のためにのみ行なう権利である」（『統治論』一九四頁）、また「政治権力が……社会の人々の福祉と彼らの所有物の保全のために用いられるようにという、明確な、あるいは暗黙の信託を伴っている」（同上三〇〇頁）のである。

(52) ベンサムは「権力の快楽には、中立的な意味で権力への愛と呼ばれる動機が対応する。その動機について快く思わない人々は、権力欲と呼ぶことがある。……この動機は、ある場合には名声への愛といっしょにされて、野心という同じ名称のもとに入れられる」（山下重一訳「道徳および立法の諸原理序説」『世界の名著三八』（中央公論社、一九七三年）一八六頁）、とする。

(53) ブラウ（間場寿一他訳）『交換と権力』（新曜社、一九七四年）一八頁。

(54) 鈴木幸寿編訳『前掲書』一七〇頁。

(55) 丸山真男『現代政治の思想と行動』（未來社、一九七九年）三六五—三六六頁。

(56) ラッセル（東宮隆訳）『権力』（みすず書房、一九九〇年）一一四頁。

(57) 同上八八頁。

4　政治倫理・正当化

政治は、社会的な営為である。政治はひとびとが関係する場にあって、成立する。したがって、政治的な行為をおこなう場合に、その行為がどのような目的をもつのか、その目的にはどれだけの価値があるのか、その目的を実現することでどれだけのメリットがあるのか、社会的にどれほどの影響をもたらすのか、などを明確化しなければならない。ここにおいて、倫理化、合理化（rationalization）、正当化（justification）という問題がクローズアップされてくる。政治は倫理や正当性とのかかわりを回避するわけにはいかないのである。そこで、本章では倫理化、合理化、正当性を検討してみたい。

1　倫理化

倫理とは、フォークウェイズやモーレスに成立の基礎をおきながら多少とも徳用や道徳命題の形で文言的に形式整備された規範であるとか、内的良心や動機のあり方に基づく規範と考えられている。倫理と道徳とは、きわめて相似したものである。ところで、近年政治倫理の問題がとりざたされている。それは、政治にかかわる人間が服すべき倫理的な規範といえよう。たとえば、政治家たちの汚職や不正な資産形成、さらには常軌を逸したカネ集めが問題化したのに対して、これを規制すべく国会では政治倫理綱領がつくられ、また政治家の資産公開がおこなわれることとなった。ところで、本章で取り上げる政治の倫理化とは、これとは別種のものである。つまり、政治の倫理化とは、政治における合理化、正当化、イデオロギーなどと関連するのである。まずさしあたって、政治哲学史上あらわれた倫理の問題を概観したい。その後に、政治の倫理化を個人レベルと社会レベルとにわけて検討する。

政治哲学史上みられた倫理概念

古代ギリシャでは、倫理が重視された。そこは同質社会であり、倫理が社会の規範として有効性をもつのであった。プラトンやアリストテレスは、それぞれ倫理を強調している。そのことは、プラトンの『国家』や『法律』、アリストテレスの『ニコマコス倫理学』にあって明白である。中世においては、神法なり、自然法なりは倫理そのものであった。つまり、衡平でなければならない、籤引きは公正におこなわれねばならない、復讐は禁止される、自惚れはつつしまねばならない、共有物の使用は平等でなければならない、という格率は、法というよりも倫理そのものである。それは、ひとびとが容易に確認できる準則なのであった。中世から近代の転換期すなわちルネッサンスの代表的な思想家としてマキャベリ（Niccolò di Bernardo Machiavelli, 1469-1527）がいた。彼は、政治哲学史上、政治と倫理を断絶させた人物であった。彼は『君主論』（一五三二年）において、以下のように論述している。

君主にとって、信義を守り、奸策を弄せず、公明正大に生きることがいかに称賛に値することかは、だれでも知っている。だが、現代の経験の教えるところによると、信義などまるで意に介せず、奸策をもちいて人々の頭脳を混乱させた君主が、かえって大事業（戦争）をなしとげている。しかも、結局は、彼らのほうが信義に基づく君主たちを圧倒してきていることがわかる。ところで、戦いに打ち勝つためには、二つの方法があることを知らなくてはならない。その一つは法律によるものであり、他は力によるものである。前者は人間本来のものであり、後者は本来野獣のものである。だが多くのばあい、最初のものだけでは不十分であって、後者の助けを求めなくてはならない。つまり、君主は、野獣と人間とをたくみに使いわけることが必要である。(1)

さらに、

名君は、信義を守ることがかえって自分に不利をまねくばあいに、あるいは、すでに約束したときの動機が失われてしまうばあいでは、信義を守ることをしないであろうし、また守るべきではない。(2)

マキャベリは君主が国家を維持するために信義に反したり、慈悲に反したり、人間性に反したり、宗教に反した行動をとる場合を是認する。君主は必要止むを得ないときには、悪にまで踏み込むことが肝要であるとした。(3) ここにおいて、政治の倫理からの脱却がみられるのである。換言すれば、政治の倫理捨象性の問題である。君主は戦争に勝ち、国家を維持することにより、民衆は君主を称賛するのである。民衆は表層面だけで、また結果だけで評価を下すものなのである。ここで、マイネッケ（Friedrich Meinecke, 1862-1954）のマキャベリ論を援用しつつ問題を整理したい。マキャベリは小国分立状態にあったイタリアが隣国の大国スペイン、フランスの侵略を受ける危険性を痛感していた。祖国イタリアを救うべく、彼は民族の統一を緊急課題ととらえた。国家（stato）の樹立という必要性（necessità）のためには、君主はたとえ運命（fortuna）にあらがってまでも全知全能（virtù）を傾注すべきことを主張した。(4) 君主は国家統一のためには手段をえらばずに行動すべきなのである。また、国家の統一のためならば、君主の行動はすべて正当化されるのである。このことは、技術的合理化といえよう。(5) 政治からの倫理的要素の排除を意図しながらも、かえってそのことにより政治行動が倫理化・合理化されなければならないという事態に直面するのである。

ヴェーバーは『職業としての政治』（一九一九年）において、倫理の問題を心情倫理と責任倫理とにわけて考察している。そもそも、政治家は三つの素質が重要なのだという。すなわち、熱情、責任感、予測力である。(6) 彼は、政治には非即物性と無責任性という二種類の致命的な罪悪が存在しているという。[7] そして、倫理的に方向づけられた行動は二つのお互いに異なった解決しえない対立をはらんだ原則のもとにたつ。それは、心情倫理と責任倫理である。[8] 心情倫理の原則か責任倫理の原則のいずれかによって行動するのかは、まったく別種のこととなる。[9] しかしながら、心情倫理と責任倫理は絶対的に対立するものではなく、相互補完的なものでもありそれらが一つとなってはじめて政治の職業をもつ人間を完成させることができる、[10] とヴェーバーは考えている。心情倫理とは動機において自己を倫理的に正当化しうるものである。責任倫理とは予測される結果を意識し、結果を自己の責任とするものである。大林信治の研究によれば、ヴェーバーが責任倫理と表現したところのものはそもそも権力の倫理と考えられていたものだという。[11] ヴェーバーの倫理の二分法は、ある面でカントの仮言的命法と定言的命法と相似している。カント（Immanuel Kant, 1724-1804）のいう仮言的命法は当面の目的が理性にかなっているか善であるかを問題とせずもっぱらその目的を実現するのである。定言的命法は行為から生じる結果にかかわりなく行為そのものを義務として提示するのである。

ラスウェルは先にふれたように、政治的人間のモデルを提起したのである。政治的タイプについて彼は、激しい満たされない尊敬への渇望をもつとする。この欲求は第一次的サークルにおいて、そしてさらには公の目標に転位されるのである。この転位は公共の利益の名において合理化される。そこで、動機の点から政治的タイプを要約すれば、以下のようになる。

私的動機を

公の目的に転位し

公共の利益の名において合理化する

つまり、p} d} r＝P という定式としてまとめられるのであった。(12)

マリタン（Jacques Maritain, 1882-1973）は、政治生活の合理化について考察している。彼の議論を簡潔にのべれば、合理化は技術的なものと倫理的なものとがある。技術的合理化は人間にとって外在的な手段による。倫理的合理化は人間そのもの、人間の自由と徳という手段によるものである。(13) 倫理的合理化は、政治生活の本質的に人間的な目的および最深の源泉、すなわち正義、法律、友愛などを認めることを意味する。(14) 政治の倫理的合理化を実現する唯一の道は民主主義である。(15) 政治生活を倫理的に合理化する過程において、手段はかならず倫理的なものでなければならない。民主主義の目標は、正義および自由である。この目標と相反する手段がとられれば、民主主義は自滅する。(16) 民主主義国家では自由、人権、法律の尊厳が確保される。政治生活の合理化はこれらの倫理的価値が追求されることなのである。これに対して、全体主義国家では権力や全体の利害が尊重される。政治生活の合理化は技術的なものとなる。(17)

政治の倫理化

以上みてきたように、政治権力と倫理化とは密接に関連しているといえよう。

ところで、社会的な行為の合理化について、ヴェーバーは以下のようにのべる。参考までに言及しておこう。社会的行為は目的合理的なものと、価値合理的なものとがある。前者は主観的に一義的にとらえられた目的に対して適合的なものであると主観的に考えられた手段を基準にしておこなわれる行動である。後者はある一定の行動そのものを絶対的な価値を純粋に結果とは無関係に意識的に信ずることである。価値合理性は実際行為の固有価値だけが考慮されればされるほど結果については度外視されることとなる[18]。社会的な行為である政治もまた合理化がさけられない。原田鋼は、政治の倫理化について卓越した議論をおこなっている。労をいとわず引用しておこう。

政治現象が合理性と非合理性とからなりたつ二重構造をもっているかぎり、倫理は、これらを媒介するものとして必然的に政治に関係づけられてくる。政治は、非合理性を内在せしめている複合現象である。そして政治の論理は、一面からすれば権力の論理である。政治は、この権力の論理の追求において、倫理から一応遮断され、断絶しているようにみえる。しかし人格がホモ・サピエンスとしての一面をもっているかぎり、政治の論理は、単純な権力の論理として自己を完結させることはできない。それは、その合理化をまたみずからの論理としてとらねばならないことを意味している。

このように、政治の論理は、権力の論理として展開しながら、しかも後者を否定することによってみずからの論理を完結させる。ここから、政治が倫理と断絶しながら、これに連続するという関係がひきだされてくるであろう。政治が権力の論理として展開されるところから、その倫理化をさけることのできない手順としてとらねばならないというところに、政治と倫理との連続性が成立するのである[19]。

政治の倫理化のなかでもとくに技術的倫理化が重要な役割をはたす。政治権力がそもそも非合理的なものゆえに、自己を合理的なものとして粉飾をこらす必要が生じてくる。それは、不可避的なものである。具体的には、政治的プロパガンダや政治的イデオロギーの形式をとることで、政治の倫理化がはかられるのである。

政治倫理化の諸命題　社会にあって何かしらの政治的行為をおこなうにあたっては、二つのレベルにおいてかならず倫理化が必要となってくる。

個人が政治的な行動をとるとき、自己の欲望や衝動など非合理的な動因をそのまま前面に押し出すことはまずない。個人は自己の行動や論理が社会的に承認をえるように倫理化をするであろう。つまり、なるべく社会規範と合致するようにみせかけようとし倫理化するのである。この倫理化をへなければ、個人の行動が社会的に意味をもつものとはならないのである。

個人が他者に対して同調を求め、ある目的を達成する場合もまた倫理化を必要とする。個人的な行動・論理を集団的な行動・論理へと発展させるためには倫理化がおもきをなす。たとえば、権力を保持していくためには、かならずひとびとの支持を取り付けなければならない。そのためには、ひとびとを納得させる理由付けや根拠が提示されなければならない。そしてその際に、民主的な手続きや法適合性が、その手段となってくる。さらに、権力に対しての抵抗（権）のケースでもかならず倫理化が必要となる。抵抗も倫理によって定礎されていなければならないのである。倫理と無縁な抵抗は正当化されない。抵抗が倫理化されるとき、その抵抗は効力をもつ。抵

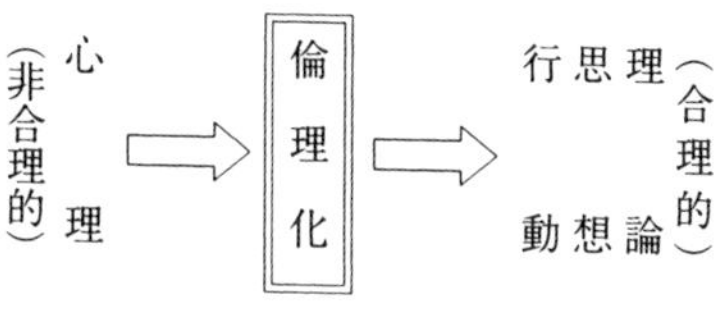

図5　個人レベルでの倫理化

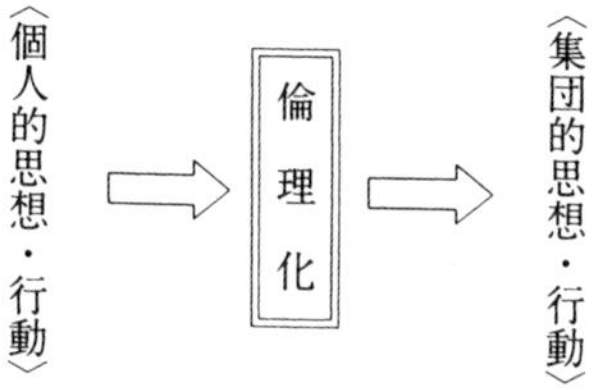

図6　社会レベルでの倫理化

抗が社会福祉や公共善によって基礎付けられていることを証明してはじめて、それは実現可能となる。抵抗が倫理的に正しいものであっても、社会的な承認（倫理化）がえられなければ何ら意味をもたないのである。(20)

以上の検討をふまえたうえで、以下の諸命題が導かれよう。

①ある個人が政治的行動をとるにあたり技術的倫理化は必然である。

②集団行動はひとびとの認知をえなければならないゆえに倫理化が必要である。

③政治権力者は倫理的に逸脱した行動をとりつづけるのには限界がある。

④政治権力はそれがつねに独裁的な傾向を内在させているゆえに倫理化（法適合性・民主的手続き）をたえず求めつづける。

政治権力なり、政治支配者は即自的ではない。政治権力はたえず自己以外の価値基準の手助けを受けて対自的に存在するのである。したがって、われわれ服従者側からすれば、政治権力を掌握する者のその倫理化／合理化の背後にひそむ政治的な意図や非合理性を批判的に見抜くことが重要となってくるであろう。

2　正当化

政治権力と正当性については、拙著『政治学原論序説』（一九九四年）においても若干論じたところである。本節では、そこでの議論をいささか発展させて政治的義務論や政治的認証論に関して分析してみたい。

正当性とは　リンス（Juan J. Linz, 1926–）によれば正当性とは、「欠陥や失敗はあるにしても、現行政治機構が確立される可能性のある他のいかなるものよりもすぐれており、したがって、服従を要求することができるのだ、という信条なのである。結局のところ正当性とは、立憲的に権力を掌握した支配者が服従を要求し、もう一つのグループが別の政治的取り決めの名によってその要求を問題にした場合に、権威をもっている人たちの要求に自発的に市民が服従することを選ぶ、ということを意味している」[21]ことである。正当性の概念には、絶対的なものはありえない。正当性を付与された政府・政治権力者であったとしても、それが絶対的に正しいからではなくていちばん悪くはないであろうからという消極的な理由からの場合もありうる。リンスの理解を援用すれば、ある時点での特定の政治権力者への正当性の付与は、当面してある目的の実現が他の手段によっては保証されえないであろうことを知ったゆえでの判断ということになる[22]。正当性概念はきわめて相対的なものといえよう。権力保持者は国家における権力を保持するが、国家の権力を保有しているのではない[23]。したがって、政治権力者は正当性を獲得すべくつとめなければならないのである。国家権力を掌握するものにとって、自発的な服従をかちえる割合に比例して政権基盤は強化されていき、権威をもちはじめるのである。政治哲学史上、政治権力や国家の基礎付けについて多くの学者たちにより議論されてきた。たとえば、イェリネックは、①国家の宗教的神学的基礎付け、②実力説、③法理説——a家父長説b家産説c契約説——、④倫理説、⑤心理説[24]、とに類型化している。政治権力はそれ自体合理的な根拠を内在していないからこそ、倫理化なり、正当化の理論付けが要請されてくる。そして、ある面で、政治哲学・思想はこの問題についての回答のこころみであったといえよう。バーリンは、「政治理論は、何故、誰かが誰かに服従しなければならないのかという中心的問題に対する答え方でよく違いがでてきます。——何故、服従するのかではなく、何故そうしなければならないのか、そしてどの程度そうしなければならないのかという問題です。大抵の政治理論は、この課題にたいする回答です[25]」、と指摘したのは至当である。それではつづいて、政治的（服従）義務論をながめてみたい。

政治的義務論

われわれがなぜ政治的権威に服従しなければならないのか、を解明するのが政治的義務論なのである。何らかの合理的な契機により、被統治者が統治者に服従するのが正当であるという見解である。ルソー（Jean-Jacques Rousseau, 1712-78）は、「最も強い者でも、自己の力を権利に、他人の服従を義務にかえないかぎり、いつまでも主人の位置をたもてるほど強いものではない[26]」、と核心をついている。

イギリス政治学界の泰斗であったバーカー（Ernest Barker, 1874-1960）は「義務が政治的であり、市民としてのわたくしと政治的権威そのものとの間の絆という形をとったばあいには、わたくしは市民として政治的権威のためにある行為もしくはいくつかの行為をなすべく結びつけられていることになる」[27]、としたうえで、政治哲学史上あらわれた政治的服従義務論を以下の三つに求めている。すなわち、（a）神授権説、（b）時効的所有の理論（正統主義）、（c）契約説である。（a）神授権説は神の意志という超越的なものによって服従が義務付けられているとする。いかなる政治的権威も本質的には神の権威の放射であり、委任である。したがって、ひとびとは政治的権威に服従しなければならない義務を負うこととなる[28]。近代国家成立以後、王権神授説がその典型的な表現としてあらわれたのはいうまでもない。多元的国家論者のひとりであったリンゼイ（Alexander Dunlop Lindsay, 1879-1952）にいわせれば、王権神授説はローマ法王の絶対性に対して、国王の絶対性を対置したプロテスタンティズムであったという[29]。しかし、この王権神授説もまた人民が神から直接に統治権の委託を受けているという人民主権説により否定される余地が残っていたことも忘れてはならないであろう。（b）時効的所有の理論とは、君主の支配権を慣習に基づく権利によるものととらえる。長期にわたる所有が財産へと成熟し、政治的権威に対する君主の権限になるという。そして、この権限からひとびとはすべての所有権を尊重しなければならないという仮説に基づき、君主の政治的権威の行使権＝所有権を認めそれに服従することとなる[30]。（c）契約説は、市民が相互の契約を締結することで政治的権威に結び付けられるとする。市民はこの社会契約を尊重し、履行すべく拘束を受けるのである。[31]

クィントン（Anthony Quinton, 1925–2010）は政治的義務論を（a）内在説、（b）外在説、（c）有機体説、とに分類した。（a）内在説は服従の妥当性や拘束性を国家の内在的性質から導きだすものである。伝統主義がこれにあたる。それは、国家はいつも服従されていたのであるからそうされるべきという考えである。しかし、この見解は論理的に不十分である。なぜなら、支配者の卓越した能力をあてにしつづけなければならないからである。[32]（b）外在説は国家の目的や権力により生じた結果から正当化を判断する。したがって、国家はのぞましい結果を期待できる道徳的に正しい行為をとるべきという、目的論的な説明である。社会契約説が、その例である。ある目的（自然権の保護・安全の確保）のために締結された契約は、国家の無制限の権威を認めるものではない。国家が契約の目的を実現できないならば、政治的義務は消滅する。[33]（c）有機体説はルソーやヘーゲルによって主唱された。[34] ルソーは、「社会契約は市民間に平等の関係をうちたてるから、その結果、市民はことごとく同じ条件のもとに義務を負い、同じ権利を享有すべきである。したがって、この契約の本性上、主権のすべての行為、すなわち、一般意思の真正な行為は、市民全体にひとしく義務を課し、利益を与える[35]」、とし、「国家の臣民がこの種の約束のみに従っているかぎり、かれらは何者にも服従しているのではなく、自分自身の意思だけに服しているのである[36]」、とのべた。また、ヘーゲル（Georg Wilhelm Friedrich Hegel, 1770–1831）は、「国家は、実体的意思の現実性であり、この現実性を、国家的普遍性にまで高められた特殊的自己意識のうちにもっているから、即自かつ対自的に理性的なものである。この実体的一体性は絶対不動の自己目的であって、この目的において自由はその最高の権利を得るが、他方、この究極目的も個々人に対して最高の権利をもつから、個々人の最高の義務は国家の成員であることである[37]」、とし、「国家は客観的精神なのであるから、個人自身が客観性、真理性、倫理性をもつのは、彼が国家の一員であるときだけである[38]」。そして、ヘーゲルは「義務からすれば臣民である個人が、市民としては、義務を履行することにおいて、おのれの人格と所有を保護してもらい、おのれの特殊的福祉を顧慮してもらい、そしておのれの実体的本質の満足と、この全体の成員であるという意識と自己感情を得るのである。そして、このように市民がもろもろの義務を国家に対する努めおよび職務として果たすことによってこそ、国家は維持され存続するのである[39]」、と結論した。

以上みてきたように、政治哲学史上さまざまのバリエーションをもった政治的義務論が提起されてきたのがわかる。それでは、現代にあって、われわれは政治権力者なり政府に対していかなるゆえをもって正当性を付与するのであろうか。また、われわれはなぜに支配者を正当なものと認め、それに従うのだろうか。つぎに、政治的認証論を考察することにしよう。

政治的認証論　支配とはヴェーバー的理解では、支配者の意思・命令が他者の行動に影響を及ぼす事実である[40]。また、服従とは服従者が支配者の命令を自己の格率として受け入れることである[41]。しかしながら、支配＝服従関係は支配者の命令を盲目的に服従者が受け入れるものではない。ヴェーバーの提起した支配の三類型（伝統的・カリスマ的・合法的）は理念型にすぎず、現実の政治的認証とは遊離している。現実レベルでは、どのように政治権力者や政府を正当なものとして判断し、それに服従するのであろうか。

原田鋼によれば、政治権力が成立し機能するためには三つの段階を経由するという。第一段階は、権力者の側から下方にむかってさまざまな正当性の根拠が提示される。第二段階では、被支配者の側から上方にむかって正当性についての合意、協調が輻射される。第三段階では、権力者側と被支配者側に正当性の信念が浸透していく[42]。ところでこの考え方にあって、第二段階はいささか単純にすぎよう。服従者の支配者に対する正当性の付与は多重構造性を帯びたものである。そこで、筆者は、以下のような政治的認証論を提出したい。それは、〝正当化の三段階論〟とでもいえるものである。

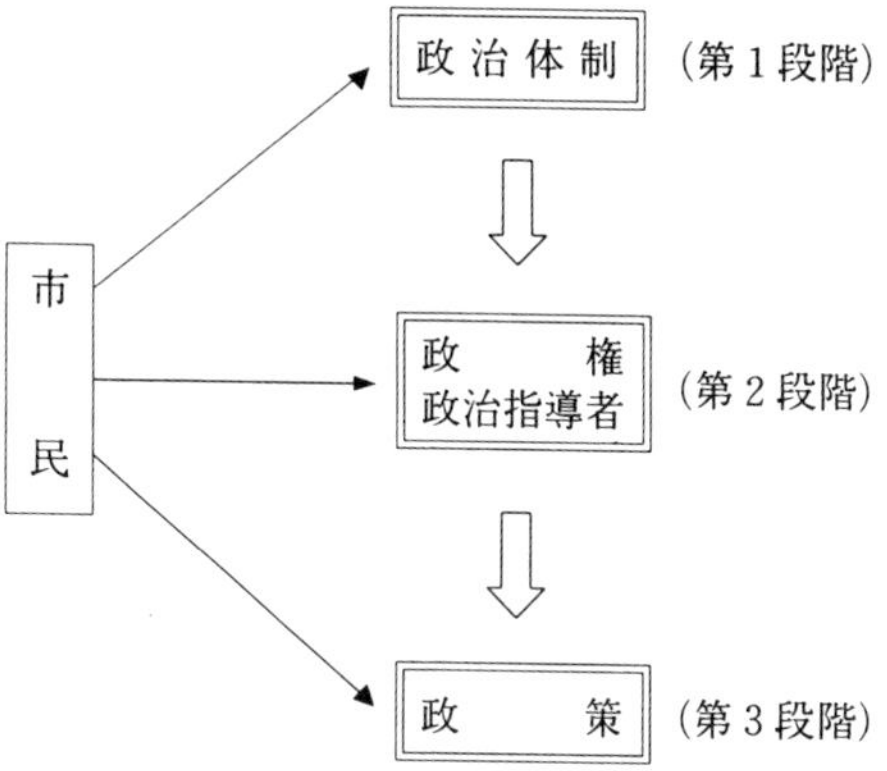

図7　正当化の三段階

ある政治体制の理念・目的とするものが正当なものなのか、ある理念に導かれる政治体制が存続しつづけるのが妥当であるのか、という観点からわれわれは政治体制そのものに対する認証をおこなうのである。つまり、民主主義国家が樹立されることを憲法制定議会選挙や人民投票によりこの認証作用をおこなうのである。これが、正当化の第一段階である。ヘッフェ（Otfried Höffe, 1943-）の表現を借用すれば、「法的・国家的諸関係が存続してよいということを示す場合と、それがどのような仕方で存続すべきかを示す場合[43]」が、このことなのである。正当化の第一段階として政治体制に対する認証がおこなわれたならば、つづいて政府に対する認証行為がむけられる。これが、正当化の第二段階である。この段階では、政府の組織や政治指導者の政治的地位への就任などが認証の対象となる。政治体制が樹立され、憲法秩序がうちたてられたならば、合法性と正当性との融合化がはかられてくる。いわば、合法的な正当化の様相を呈してくる。しかし、以下のような問題がおこってくると、ことは単純には片付けられなくなる。たとえば、H内閣の総辞職のあと、憲法の規定にしたがって国会の多数（派）がMという人物を首相に指名し、これを受けてMが内閣を組織したとしよう。たしかに法適合的にMは首相の地位にあることが、説明できる。しかしながら、多くのひとびとは法適合的であるということだけで、このM内閣を積極的に支持はしないであろう。というのも、Mが選挙を通して国民の大多数の信託を受けて、国会の多数勢力を形成したのではないからである。M選挙という民主的な手続きをへていないかぎり、M内閣は国民からの認証をうけていないこととなる。法適合的であったとしても、民主的な選挙という手続きをふんでいないことでM内閣のヴァナビリティーは限定されたものとなる。手続き自体の正当性という、一つの価値基準がここに導入されてくるのである。

正当化の第三段階では、政策に対する認証がなされる。ラスキのいうように、個人はただ単に国家の成員であるだけではないから、国家が法的に社会の最高組織であるからといって、それだけでかれが国家に服従する義務を感ずるわけではない。かれ自身の経験が重きをなす。かれが国家のなすことを判断するのである。国家がわれわれの幸福の条件を確保してくれる能力を有するのかどうかによって、服従の態度を決定するのである。国家の理念や目的と政策が一致しているかどうかという問題も重要である。[44] 政府のうちだす政策が国民の生活条件の向上に資するものであるのか、人権の擁護に意を注いでいるのか、社会サービスは充分供給されているのか、適宜な経済政策により景気が上向きとなったか、などの現実と自己の体験とを照らしあわせて、国民は認証作用をおこなうのである。政策が不備なものであり、国民からの認証を取り付けられなければ、その政府なり政治指導者の立場は揺らいでくる。また、政府や政治指導者が国民に公約したことと現実の政策が相違している場合、施行前にすでに政策の有効性・実効性について客観的、合理的に疑義がある場合、国民の理解をえないまま（正当な手続きをふまないまま）一方的に負担義務を押しつける場合、などのケースでは、政府は政策を撤回するか修正しなければならないであろう。もし、ひとびとの政策に対しての認証を取り付けえないのであれば、最終的に政権の危機にまで発展していくことになるからである。

われわれ市民は、〈政治体制〉〈政府・政権〉〈政策〉おのおののレベルにおいて認証作用をおこなっているのである。政治的支配者は政権の座にあるからといって、それだけで自己の立場は磐石なのではない。政治的支配者は自己の政権がつねに正しく、また自己の打ち出す政策がひとびとのためになるという理由を提示しつづけなければならない（倫理化）。また、服従者の認証行為によって政治的支配者は制約を受けつづけるものである。

(1) マキャベリ（池田簾訳）『君主論』（中公文庫、一九七八年）九六―九七頁。
(2) 同上九七頁。
(3) 同上九九頁。
(4) マイネッケ（菊盛英夫・生松敬三訳）『近代史における国家理性の理念』（みすず書房、一九八九年）三七―五〇頁。
(5) 原田鋼『政治倫理学序説』（勁草書房、一九八一年）一五頁。
(6) ヴェーバー『職業としての政治』七五頁。
(7) 同上七八頁。
(8) 同上八六頁。
(9) 同上八七頁。
(10) 同上九九頁。
(11) 大森信治『マックス・ヴェーバーと同時代人たち』（岩波書店、一九九三年）一五七頁。
(12) ラスウェル『権力と人間』四六―四七頁。
(13) マリタン（久保正幡・稲垣良典共訳）『人間と国家』（創文社、一九六二年）七八頁。
(14) 同上八二頁。
(15) 同上八三頁。
(16) 同上八四頁。
(17) 同上九〇頁。
(18) ヴェーバー『社会学の基礎概念』四〇―四三頁。

(19)　原田鋼『政治学原論』(朝倉書店、一九七八年)四一五―四一六頁。
(20)　北岡勲『政治と倫理』(東洋出版、一九五四年)一二三―一二四頁。
(21)　リンス(内山秀夫訳)『民主体制の崩壊』(岩波書店、一九八二年)四三頁。
(22)　同上四六頁。
(23)　ヘラー『国家学』三四七頁。
(24)　イェリネック『一般国家学』一五〇―一六九頁。
(25)　バーリン『ある思想史家の回想』六六頁。
(26)　ルソー(平岡昇・根岸国孝訳)『社会契約論』(角川文庫、一九七七年)一七頁。
(27)　バーカー(堀豊彦他訳)『政治学原理』(勁草書房、一九六九年)二二九頁。
(28)　同上二三〇頁。
(29)　リンゼイ『現代民主主義国家』一〇五頁。
(30)　バーカー『前掲書』二三二頁。
(31)　同上二三四頁。
(32)　クイントン(森本哲夫訳)『政治哲学』(昭和堂、一九八五年)一七―一八頁。
(33)　同上一九頁。
(34)　同上二〇頁。
(35)　ルソー『前掲書』五一頁。
(36)　同上五二頁。
(37)　ヘーゲル(岩崎武雄訳)「法の哲学」『世界の名著四四』(中央公論社、一九七八年)四七九―四八〇頁。
(38)　同上四八〇頁。
(39)　同上四九一頁。
(40)　ヴェーバー『支配の社会学I』一一頁。

(41)　ヴェーバー『支配の諸類型』七頁。
(42)　原田鋼『政治権力の実体』(御茶の水書房、一九八九年)四五頁。
(43)　ヘッフェ(北尾宏之他訳)『政治的正義』(法政大学出版局、一九九四年)四五二頁。
(44)　ラスキ(横越英一訳)『政治学入門』(東京創元社、一九七七年)四三—四五頁。

5　抵抗と不服従

前章で検討したように、服従者はただ支配者からの命令を一方的に受容しつづける消極的な存在ではなかった。むしろ、積極的に政治権力者に対して評価・批判をさしむけているのである。ところで、政治体制が安定化してくると、支配者はなるべく長期にわたって政権を維持していこうともくろむ。そしてそのために、ひとびとの抵抗（resistance）や不服従（disoaedience）など例外的な状況に陥る危険性を極力回避することが、政治権力者に課せられた業となってくる。支配と服従、権力と抵抗とは、それぞれ対極に位置する。圧制に対しては、それに比例した反作用がおこってくる。つまり、抵抗や政治的不服従の問題が生じてくるのである。政治学は、ある面で権力に対しての抵抗の学問である。これらの問題をけっして閑却してはならない。本章では、抵抗権論と市民的／政治的不服従論について論じる。

1　抵抗権論

政治哲学史をふりかえってみると、抵抗権の根拠をいずれに求めるのかについては、さまざまな理論が提起されてきた。

古代ギリシャにあっては、ポリスの至高善のためという規範にその根拠が求められた。支配者が本来の任務や機能をはたしていない場合には、抵抗権が正当化される。[1] 中世にあって、抵抗権は神によって任命された公権にはだれでも服従しなければならないとする『ロマ書』第一三章第一節と人間に従うよりも神に従うべきであるという『ペテロの禁令』第五章第二九節との間の緊張関係のなかで発展してきた。つまり、支配者の教会に対する抵抗や、自然法の制約内での支配者に対する抵抗が許容されてくる。[2] モナルコマキ、すなわち暴君放伐論者の議論は政治哲学史上注目される。人民主権の理論や支配契約理論から、つぎのような論理的帰結が導出してくる。支配契約の締結が国家権力の正当的なメルクマールとなる。契約から逸脱したのであれば、資格なき暴君が君臨することになる。また、権限を濫用する君主は暴力の行使による暴君である。資格なき暴君は法的な根拠がそもそもないので、人民はこれに抵抗しうるのである。暴君は契約を通して権利を有しているので、契約の解除によりはじめて人民に抵抗の権利が生じるのである。[3] このように、支配契約論はモナルコマキにとって君主の権利を攻撃する理論的な武器たりえるのであった。[4] モナルコマキの理論は君主制全般に対しての抵抗権ではなく、暴君に対して抵抗権を首肯する立場であった点は注意されるところである。[5] ところで、カルヴァン（Jean Calvin, 1509-64）は「長上の者たちに対して行なうべきだと……教えられてきた服従には、つねにひとつの例外がなければならない。それはこうした服従が、というよりむしろなににもまさって守るべきひとつの規則がなければならない。それはこうした服従が、王たちのすべての勅令は神の意志に沿って発布されてこそ道理のあるものとなるのに、この御方への服従から私たちを離れさせてはならぬということ、またどんな王たちの命令も神の命令には服従すべきこと、彼らのどんな高ぶりも神の威容の下には卑しめられ、低められるべきだということである[6]」、とのべた。つまり、神の意志に反して君主は暴政をおこなえないのであり、そのような暴君に対する抵抗権は論理的に帰結されてくるのである。カルヴァンもまた暴君放伐論的な思想をもっていたのである。

のちに、これらの思想的影響を受けてホッブズ（Thomas Hoaaes, 1588-1679）はひとびとが君主に全権を委譲したと主張した一方で、「人は、かれの生命を奪おうとして暴力でおそいかかってくる人びとに対して、抵抗する権利を放棄することはできない[7]」として、専制政治に対するひとびとの抵抗を容認しているのである。ロックもまた、「力に対して反抗できるのは、それが不正不法な力である場合に限る[8]」という前提条件のもと、圧政に対しての抵抗を肯定する。国民はその自由を回復する権利をもつ。[9] 国民は虐待されることがあれば、それらの軛を取りのぞくのである。[10] ロックは、「長期にわたる一連の悪政や言逃れや策謀が……また支配者のたくらみが国民の目に明らかなものとなると、国民は自分たちがどんな隷属状態にあるのかを感じ、自分たちがどこへ進みつつあるのかを悟らないわけにはいかない。そこで彼が蜂起して、最初、統治が樹立されたときのその目的を、自分たちのために確保してくれそうな人々の手に支配権を移そうとするのは、別に不思議なことではないのである[11]」、と明確に抵抗権を正当づけるのであった。

抵抗権の思想は、フランスにおける政治的な諸宣言にもりこまれてくる。たとえば、一七八九年の『フランス人権宣言』第二条では「あらゆる政治的団結の目的は、人の消滅することのない自然権を保全することである。これらの権利は、自由・所有権・安全および圧政への抵抗である」とし、同第三条では「あらゆる主権原理は、本質的に国民に存する。いずれの団体、いずれの個人も、国民から明示的に発するものでない権威を行い得ない」と規定する。さらに、一七九三年の『ジロンド憲法草案における権利宣言』ではその第一条で「人々の市民的および政治的自然権は、自由・平等・所有権・社会的保障および圧政への抵抗である」とし、また第三二条では「法がその保証すべき市民的および政治的自然権を侵害するときには圧政が存する。――法がその個々的事実への適応にあたって公務員によって侵害されるときは、圧政が存する。――恣意的行為が法の表明に反して市民の権利を侵害するときは、圧政が存する。――すべて自由は政府においては、これら多様な圧政行為に対する抵抗の方法は、憲法により規定されなければならない」とまで踏み込んだ内容になっている。

一七九三年の『山獄党憲法における権利宣言』でも、その第三三条で「圧政に対する抵抗は、それ以外の人権の帰結である」、また第三四条では「社会の構成員の唯一人でも圧迫されるときは、社会統一体に対する圧政が存する。社会統一体が圧迫されるときは、その構成員に対する圧政が存する」と規定する。さらに第三五条では「政府が人民の権利を侵害するときは、反乱は、人民および人民の各部分のための権利の最も神聖なものでかつ義務の最も不可欠のものである」とする。時代が下って、一九四六年の『第四共和国憲法』の前文では以上の政治的伝統を継受して、「フランス人民は一七八九年の権利宣言によって承認された市民の権利および自由ならびに共和国の諸法律によって承認された基本原理を厳粛に再確認する」と宣言した。つまり、当然のことながら抵抗権も国民の権利として首肯されてくるのである。さらに、ナチス支配の反省から『ドイツ連邦共和国基本法』では、一九六八年六月二四日に、第二〇条第四項として「この秩序を排除しようと企てるすべての者にたいし、他の防衛手段がない場合には、すべてのドイツ人は抵抗権を有する」という文言が追加された。また、『世界人権宣言』（一九四八年）の前文にあっても、「人間が専制と圧迫に対する最後の手段として反逆に訴えることを余儀なくされてはならないものであるならば、人権が法の支配によって促進されることが大切である」と叙述している。これは、法の支配の原則を堅持していくことの表明ではあるが、その一方で抵抗権が人権の論理的な帰結であることを暗示しているものである。(12) 抵抗権の行使の可能性は、法的にもけっして排除されるものではないことがあきらかであろう。

2　現代における抵抗権論

政治哲学史上、抵抗権そのものを否定的にとらえる見方もでてくる。たとえば、カントである。カントは抵抗権についてこれをはっきりと否定する。「最高権力の根源は、そのもとに立つ国民が、実践的意図においてはこれを詮索してはならないものである。すなわち、臣民は、最高権力に当然帰属すべき服従（要求）の権利が、その点についてなお疑いの存する権利ででもあるかのように、その根源に関してやかましく理屈をこねるべきではない。……国家的権威に反抗しようとするならば、彼は、この国家目的の法則にしたがって、すなわち全く正当に、処罰され、殺され、あるいは放逐されることになるのである」[13]、とカントはのべる。そしてまた、彼は「国家の立法する統治権に対しては、国民のいかなる適法な抵抗もありえない。なぜなら、彼の統治権者の普遍的・立法的意思のもとに服従することによってだけ、ある法的状態は可能となるからである。だから、騒乱の権利は認められないし、まして反乱の権利はなおさらのことである」[14]、と明言した。カントは抵抗権を規定する法律は矛盾であるとして、この権能をしりぞけるのである。要するに、カントは共和制のもとでは主権者に対しての主権者自身の抵抗は矛盾であると考えたのである[15]。

カントの抵抗権否認の考え方とは別に、むしろ抵抗の権利を積極的に評価する議論がある。たとえば、ヘラーは「国家権力が倫理的抵抗による挑戦を受けることは、良いことであり、また正しいことである」と肯定論を示す。ヘラーはつづけて、もしひとびとが国家を倫理的理念の現実態に形而上学化してしまい、なおかつその国家が非倫理的な行為をおこなったとしてもそれに対しての抵抗の権利を否認することは容認できないのである。現代国家にあって、生命をかけてまで抵抗をおこなうのはきわめて稀なケースである。[16]しかし、国家がつねに合法的であり、倫理的でありつづけることは保障のかぎりではないのである。[17]それだけに、個々人の良心に基づく抵抗は倫理的に認められなければならないのである。

ヘッフェは抵抗権を著しく不正な行為、とくに甚だしい人権侵害がある場合に、国家権力に対して服従拒否とか暴力行使によって抵抗することのできる権能と定義する。抵抗権は普遍的な原理に基づいて理論構成されるのではない。それは、あくまでも国家権力の不法行為という例外的状況のもとで発動される。それは、人民の最後手段である。[18]ヘッフェは民主制法治国家が、立憲民主国家なり立憲福祉国家への発展が拒まれているとき、抵抗権を認めた。[19]抵抗権は実定法上の権利ではなく、道徳的倫理的な権利といえる。[20]ベルトラム（Karl Friedrich Bertram, 1923-）は、抵抗権行使の目的は法秩序の維持・保全・回復にすぎないとする。抵抗権は政治的共同体に対しておこなわれるのではなく、国家機関による権力の濫用に対しておこなわれるものである。[21]抵抗権は個人の公民的緊急権なのである。[22]F・ノイマンは抵抗権の内容を、三つかかげる。第一に、すべての人間は法的に平等である。すべての人間は一部の人間を奴隷化しようとたくらむ法律に抵抗する権利をもつ。第二に、生命および自由にかかわる一切の法律は一般的でなければならない。個別特殊的な法律は私権剥奪法であり、平等の原理と抵触する。したがって、このような法律に対しての抵抗は正当なものとして認められる。第三に、生命と自由を遡及して剥奪する法は不当なものであり、それへの抵抗も許容される[23]。

このように、われわれが保持する人権というものも、その救済・回復手段が保障されていなければ無意味なものでしかない。そして、例外的な状況のもとでの人権の救済・回復手段が、抵抗権の行使ということになる。抵抗の手段によってしか正義なり、社会秩序なり、人権なりが保全できない場合には、その緊急（避難）権は首肯されよう。抵抗権が成立する条件としては、①支配者の権力濫用により民主体制が崩壊の危機に直面しているとき、②圧制政府の台頭がみられるとき、③基本的人権の侵害がひとびとの許容範囲をこえているとき、④憲法の権利保障制度が不能となったとき、⑤政治的参加の機会が剥奪、停止状態に陥ったとき、などが指摘できる。そして、抵抗権が実際に行使されたならば、その政治的効果として、①圧制政府の放擲と民主政府の樹立、②基本的人権の回復とさらなる発展、③民主的な政治運営の確保、などが達成されることとなる。抵抗権が実際に行使されない場合でも、抵抗権を緊急権的公民権の一種であると位置付けることでいくばくかの政治的効果があらわれてこよう。つまり、抵抗権が人権のひとつとして統治者からもまた被統治者からも尊重されることで、換言すれば抵抗権を国民が担保することで、政治権力者からの基本的人権の抑圧の回避とそれへの尊重と擁護の達成が可能となるのである。

また、国民の緊急避難的公民権である抵抗権を支配者の政治権力に対置することで、権力の濫用や恣意的な権力の行使を阻むことにもなろう。小林直樹（1921-）のいうように、「抵抗権の承認こそ、抵抗権を実際には無用ならしめる最高の政策[24]」となるのである。抵抗権は民主体制のもとでは変革の原理ではなく、民主的理念を保全する保守的な原理なのである。

3　市民的／政治的不服従論

抵抗権の行使には受動的なものと能動的なものとに類別できるであろう。後者については、国家権力の濫用に対する国民の側からする防衛機能であり、実力の行使が付随してくる。これは、きわめてラジカルなものである。これに対して、前者は政府のうちだす政策や法律へのアンチ・テーゼといえよう。つまり、全面的かあるいは一部のみの服従の拒否である。それは、暴力の行使を必ずしもともなわない抵抗の一種といえよう。市民的不服従は個人ないし集団が正義に反しかつ憲法に反すると考えたときに、明確な意思表示のもと特定の政策や法律には従わないことを宣言したものである。ロールズ（John Bordley Rawls, 1921-2002）は政治的不服従について、以下のように論じる。つまり、市民的不服従は「法や政府の政策を変えさせることをねらってなされる行為であって、法に反する、公共的、非暴力的、良心的、かつ政治的な行為」なのである。このような行為によって、政治的不服従者は社会の多数派を形成するひとびとに対して自由や平等、社会の協働関係がそこなわれていることをアピールする。[25]また、政権担当者に対しても政策などの変更を迫ることとなる。ロールズは市民的不服従は立憲体制を安定化させる方策のひとつであると肯定的に評価する。選挙や司法制度とならんで正義にかなう制度の維持・強化を促進する。[26]市民的不服従はあくまでも実定法秩序から逸脱しないかぎりで、正義の実現を追求していく政治的行為といえよう。ハーバーマスは市民的不服従を道徳的に基礎付けられた抗議であり、決して個人的な利害だけに基づくのではないと考えている。それは、公的な場所でおこなわれる行動である。市民的不服従は特定の法律への服従を拒否しているが、法秩序そのものを否定するのではないのである。[27]さらに、ハーバーマスは「市民的不服従は、正当性と合法性の間で宙吊りになっていなければならないのである。そうなっていてはじめて、市民的不服従は、自らを正統化する憲法原理をもつ民主的法治国家がその原理の実定――法的具体化のあらゆる形態を超えるものであるという事実を表すのである。そのような国家は結局のところ、当該法秩序が有しているすべての人に理解可能な正統性以外の根拠に基づいて市民的に服従を要求することを放棄している。それゆえに、市民的不服従は成熟した政治文化にとってなくてはならないものの一つなのである[28]」、とまとめている。

市民的不服従論の目的としては、①政府のうちだした特定の法律なり政策なりが共同目的とは逸脱しているということを明確にし、それへの服従を拒否することで政府の考え方を変更させることにある、②政治的不服従は政府が必ずしもまたつねに正しいとは限らないことを前提としておこなわれる。政治的不服従の行動は、市民の利益と合致した政策をうちだす能力のある政府を樹立させることにある。服従者が政策を受容するのは、それが自分たちの利益と合致していると判断したからである。もし、服従者が政策の実効性や有効性に疑義をもつのであれば、政策に対して拒否行為をとるであろう。あるいはまた、時代と即応していない法律はひとびとを拘束しえない。また、現実とマッチしていない政策や規則は完全に空文化してしまっている例がしばしば見受けられる。政府はひとびとに受容されていない政策や法律をそのままの状態にしておけば、結局ガヴァナビリティーがないものとの評価を受けてしまうであろう。服従者の信頼をそこねたまま、政権を維持していくのはたいへん難しいことである。政治的不服従は、以上みてきたように、政治システムの活性化に貢献する一面をもつものなのである。

4　小　括

前章において政治的認証論（正当性の三段階論）についてみた。つまり、市民は政治体制、政府、政策、それぞれのレベルで政治的支配者側に対して認証作用をおこなうのであった。ひとびとが同意をあたえることによって、はじめて政治体制が樹立される。さらに、ひとびとが支持を表明してはじめて政府が成立し、存続する。また、ひとびとが受容することを条件として政策が効力（実効性）をもち、機能してくる。もしひとびとがおのおののレベルにあって認証（同意・支持）

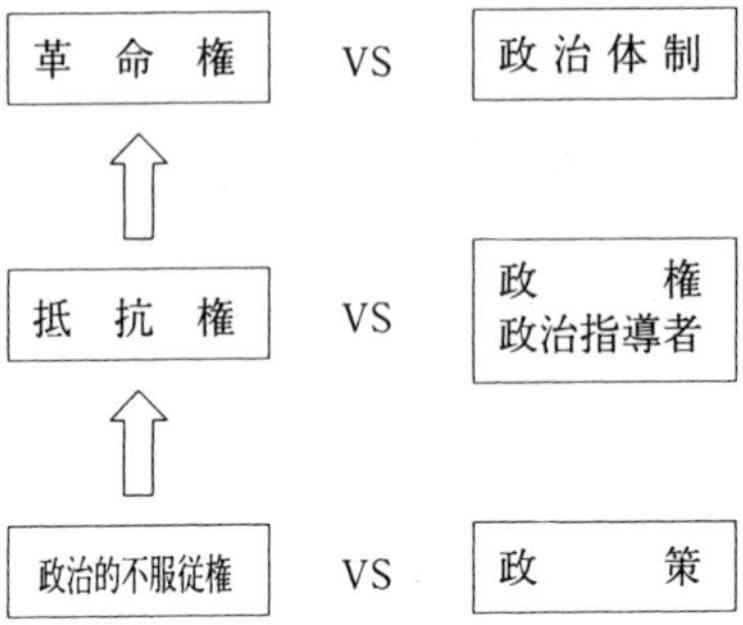

図8　抵当権と政治的不服従権

しないとしたら、どのような結果をまねくのであろうか。

上記の図にみられるように、政策そのものが市民の利益と合致しないものとひとびとが判断を下したときには、市民による政治的不服従の行動にまで発展していく可能性がでてくるであろう。さらに、政府が人権を蹂躙する場合、つまり圧制の場合には抵抗運動がまきおこってくる。そして、政治体制が非民主的なものとなってしまったときには、政治体制の変革、つまり革命がおこってこよう。政治的不服従権や抵抗権は、けっして空理空論ではない。それは、政治的認証論と深くかかわってくる。抵抗や不服従は、服従者からする強制的な支配に対しての反作用である。あるいは、それらは、ひとびとが信託したことがらと相反する政治がおこなわれたときに、服従者側が支配者側からふたたび統治権を奪還する政治的行為なのである。

抵抗にせよ、政治的不服従にせよ、それらが生じてくるのはきわめて特殊例外的なことであろう。しかしながら、抵抗ならびに政治的不服従という非日常的な行為が現実の政治的状況のなかで派生する可能性をうちにひめているのを否定することはできない。となると、例外的な、特殊的な状況をなるべく回避して、政治運営をおこなうことが支配者に課せられた業となってくる。

それゆえに、現実の政治の場面でも以下のように政治的支配者側は苦心惨憺するものなのである。たとえば、第一の例として、選挙による審判を受けないままに、国会の多数派により成立したM内閣があったとしよう。M内閣のうちだす政策は市民の不服従の行動をまねかないまでも、ひとびとからはなかなか受け入れられてもらえない。したがって、政局は混迷するばかりである。これは、いったいどうしてなのであろうか。それは、結局のところ組閣が民主的な選挙という手続きをへたうえでおこなわれていないからなのである。M内閣が国民から信任をえて、そしてそれを受けて国会から首班指名を受けていない以上、政策執行には限界がつきまとうこととなる。M内閣が政策の円滑な執行をおこないたいのであれば、選挙をとおしてひとびとからの政治的認証（審判）をえなければダメなのである。国民の認証を受けていない政府のうちだす政策は、国民からソッポをむかれてしまうのがおちなのである。政権に対してひとびとの認証があたえられないのであれば、その政権基盤は脆弱であり、政策の履行にはおのずと限界がある。最終的に、M内閣は本格的な政権ではなく過渡的な性格がつきまといつづけ、統治能力に翳りが見えやがてはフェイド・アウトしてしまうであろう。

第二の例として、国民受けする政策を提示し、履行することで、政権基盤の強化をめざすことがある。たとえば、S党の政権離脱により一転少数与党内閣となってしまったH内閣は、自己の政権基盤の強化のため、また政局のりきりのために公共料金の値上げ凍結という政策をうちだし、国民多数の支持を取り付けようとした。これは、あらかじめ政府に対してのひとびとの認証を受けていないことをH内閣がよくよく自覚していることの証左といえよう。政権基盤が脆弱であるがゆえに、国民受けする政策をうちだし、それによって政権基盤の強化をもくろんだのである。つまり、政策への認証を政府への認証へと転化しようとした例なのである。このように、政治的支配者は、服従者の認証をつねに考慮に入れたうえで行動していくのである。

政治の原理的究明をするならば、支配者側の権力に対置して被支配者側の抵抗権ならびに政治的不服従権が定立されるのである。抵抗権も政治的不服従権も、政府が共同目的や正義に反している場合に、本来の機能を回復させるために市民の側に認められた緊急権的な公民権といえよう。それらは、政治体制内の浄化作用をはたすものなのである。それらは、民主主義体制の再生と強化のための不可避的手段とみなされるであろう。また、ひとびとは緊急権的公民権を担保しているゆえに、政治的支配者は日常的レベルでも直接間接に服従者側からの制約を受けるものなのである。

(1)　ノイマン（内山秀夫他訳）『民主主義と権威主義国家』（河出書房新社、一九七八年）二一六頁。
(2)　オッフェ『後期資本制社会システム』（法政大学出版局、一九八八年）一四五―一四六頁。
(3)　トロイマン（小林孝輔・佐々木高雄訳）『モナルコマキ』（学陽書房、一九七六年）五七頁。
(4)　同上六六頁。
(5)　同上二一二―二一三頁。
(6)　カルヴァン（久木あつみ訳）『カルヴァン』（講談社、一九八五年）三九頁。

(7) ホッブズ(水田洋・田中浩訳)『リヴァイアサン』(河出書房、一九六七年)八頁。マイヤー＝タッシュにしたがえば、ホッブズの抵抗論で重点がおかれているのは自衛の留保であるという。マイヤー＝タッシュ(三吉敏博・初宿正典訳)『ホッブズと抵抗権』(木鐸社、一九七六年)二四三頁参照。
(8) ロック『市民政府論』二〇五頁。
(9) ロック『統治論』三三一頁。
(10) 同上三三三頁。
(11) 同上三三四頁。ダンによれば、ロックの議論は共同体が自らを保全するために行動する権利と能力をもつのを示しているという。ダン(加藤節訳)『ジョン・ロック』(岩波書店、一九八七年)九八頁参照。
(12) 高木八尺・末延三次・宮沢俊義編『人権宣言集』(岩波文庫、一九八一年)一三一・一三六・一三九・一四七・一六六・四〇二頁参照。宮沢俊義編『世界憲法集』(岩波文庫、一九八〇年)一六八頁。『マグナ・カルタ』(一二一五年)第六一章では「もし朕、あるいは朕の最高法官、あるいは朕の執行吏、あるいは朕の諸役人中のある者が、ある人に対して何らかの非行をなし、あるいは平和またはこの権利保障の諸条項中のあるものを侵犯し、而して、その非行が前記二五人のバロンのうちの四人のバロンに通告された場合には、それら四人のバロンは、朕の許へおもむき、朕に逸脱の旨を告げ、遅滞なくその逸脱を朕が正すように要求するであろう。しかして、朕に、告げられた時から数えて四〇日の期間内に、朕が逸脱を正さなかったならば、前記四人のバロンは、それらの二五人のバロンのうちの残余の者にその問題を付託するものとする」と規定した。イギリスにおいて抵抗権がもっとも早く成文化された例である。(マッケクニ(禿氏好文訳)『マグナ・カルタ』(ミネルヴァ書房、一九九三年)五〇二―五〇三頁)。一七七六年のアメリカの『ヴァジニア権利章典』では、「政府というものは、人民、国家もしくは社会の利益保護および安全のために樹立されている。あるいは、そう樹立されるべきものである。政府の形体は各様であるが、最大限の幸福と安寧とをもたらし得、また失政の危険に対する保障が最も効果的なものが、その最善のものである。いかなる政府でも、それがこれらの目的に反するか、あるいは不じゅうぶんであることがみとめられた場合には、社会の多数のものは、その政府を改良し、変革し、あるいは廃止する権利を有する。この権利は疑う余地のない、人に譲ることのできない、また棄てることのできないものである。ただし、この権利の行使の方法は公共の福祉に最もよく貢献し得ると判断されるものでなければならない」（『人権宣言論集』一〇九頁）と規定する。一七七六年の『独立宣言』でも「われわれは、自明の真理として、すべての人は平等に造られ、造物主によって、一定の奪いがたい天賦の権利を賦与され、そのなかに生命、自由および幸福の追求の含まれることを信ずる。また、これらの権利を確保するために人類のあいだに政府が組織されたこと、そしてその正当な権力は被治者の同意に由来するものであることを信ずる。そしていかなる政治の形体といえども、もしこれらの目的を毀損するものとなった場合には、人民はそれを改廃し、かれらの安全と幸福とをもたらすべしとみとめられる主義を基礎とし、また権限の機構をもつ、新たな政府を組織する権利を有することを信ずる」（同上一一四頁）と規定する。

(13) カント（野田又夫訳）「人倫の形而上学〈法論〉」『世界の名著三二』（中央公論社、一九七六年）四五七頁。

(14) 同上四五九頁。

(15) 同上四六〇頁。なお、カントの抵抗権に関しては、片木清『カントにおける倫理・法・国家』（法律文化社、一九八〇年）二五六―三五四頁参照。

(16) ヘラー『国家学』三三〇頁。

(17) 同上三二七頁。

(18) ヘッフェ『倫理・政治的ディスクール』一四七頁。

(19) 同上一五〇頁。

(20) 同上一四八頁。

(21) ベルトラム（栗城寿夫監訳）『抵抗権と革命』（御茶の水書房、一九八〇年）三六頁。

(22) 同上四〇頁。

(23) ノイマン『前掲書』二二三頁。

(24) 小林直樹『憲法の構成原理』（東京大学出版会、一九六一年）二一八頁。なお、筆者（大塚）も以前に抵抗権の政治的意味について下記のようにまとめたことがある。「抵抗権の思想には、防衛と変革の二重の機能が包含されている。保守されるべき自由は抵抗権思想に支えられつつ、さらに拡大されて変革の思想へと道をひらくのである」（『政治学原論序説』七九頁）、と。

(25) ロールズ（矢島鈞次監訳）『正義論』（紀伊國屋書店、一九九〇年）二八二―二八三頁。

(26) 同上二九六頁。

(27) ハーバーマス（河上倫逸監訳）『新たなる不透明性』（松籟社、一九九五年）一一四頁。

(28) 同上一二三頁。

《政治哲学者のプロフィール①》

ホッブズ（Thomas Hobbes, 1588–1679）

ピューリタン革命（一六四二—六〇年）に直面するなかで、支配の権利と服従の義務の問題に取り組んだ。国内の政治的混乱状態からいかにして平和と秩序を実現するのか、が彼の政治的テーマであった。代表作『リヴァイアサン』（一六五一年）では、人間を利己的な存在であると認識した。各人が自己保存のために自然権を行使することにより、「万人の万人に対する闘争状態」が出現すると考えた。そこで、平和の達成のためには、ひとびとは各自の自然権を全面的に放棄し、社会契約を締結し、国家（支配者の絶対的主権）を設立させるべきというプランを提示した。

主　著　『リヴァイアサン（一）』（水田洋訳、岩波文庫、一九七四年）

ロック（John Locke, 1632–1704）

ロックは名誉革命期（一六八八年）に活躍した政治哲学者である。彼は、自然状態にあってすべての個々人は平等であり、生命・身体・自由・財産＝プロパティを自然権として享受するものと考えた。ひとびとは社会契約を締結し、共同社会を形成するのである。政府権力は人民から信託を受け、自然法を実定法化し権利を擁護するのであった。彼は、立法権と行政権との二権分立を説いた。また、議会の地位を高めた。その思想は、フランス革命にも影響を及ぼした。

主　著　『市民政府論』（鵜飼信成訳、岩波文庫、一九八〇年）

ルソー（Jean-Jacques Rousseau, 1712–78）

ルソーはある意味で、真のマルチ・タレントであったといえよう。政治学のみならず、音楽、教育、宗教などあらゆる分野においてその才能を発揮した。政治的には、徹底化した人民主権論や一般意思論、さらには直接民主制論を提唱した。また、『エミール』（一七六二年）は教育の書として有名であるが、それは政治的社会化論の先駆的業績として評価できるものなのである。

主　著　『社会契約論』（桑原武夫他訳、岩波文庫、一九六七年）

南原繁（1889–1974）

日本を代表する政治哲学者のひとりである。南原の思想的基盤は、キリスト教とカント哲学にあった。とくに、『国家と宗教』（岩波書店、一九四二年）や『フィヒテの政治哲学』（岩波書店、一九五九年）などは、透徹したドイツ政治哲学の研究書として評価できよう。東大総長、初代政治学会理事長を歴任した。歌人としての顔をあわせもつ。

主　著　『南原繁著作集（全一〇巻）』（岩波書店、一九七二―七三年）

原田鋼（1909–92）

一九八九年に純粋政治学分野からはじめて文化功労者にえらばれた。戦前より『欧米に於ける主権概念の歴史及再構成』（有斐閣、一九三四年）や『法治国家論』（有斐閣、一九三九年）において、国家の原理的基礎の解明にあたった。政治は論理、心理、倫理の三契機から構成されるととらえた『政治学原論』（朝倉書店、一九五〇年）は斬新なものであり、斯界の注目をあびた。晩年は、政治社会学的なアプローチをつよめていった。

主　著　『権力複合態の理論』（有斐閣、一九八一年）

Ⅱ　共同体的なるもの

6 国家

近代国家の成立は政治哲学史的な観点からいえば、マキャベリの stato の観念とボダン（Jean Bodin, 1529-96）の souveraineté の観念とが重要な契機となったといえよう。とくに、絶対主義は常備軍、官僚制、重商主義政策、王権神授説を構成原理として成立してきた。君主が絶対的な権力を掌握したのである。やがて、君主の最高権を否定する市民革命が成し遂げられた。市民階級は市民的政治的自由を主張した。また、国家の機能を防衛や社会秩序などに限定する最小国家論がイメージされた。たとえば、ロックは「人々が国家として結合し、政府のもとに服する……目的は、その所有権の維持にある[1]」、とし政府の目的は所有権の維持と明言した[2]。アダム・スミス（Adam Smith, 1724-90）は国家、厳密にいえば主権者は防衛義務、市民を不正抑圧から保護する義務、そして一定の公共事業と一定の公共施設を設立し維持する義務を負うと考えた[3]。近代国家が成立してから、国家の問題についてはこれを肯定的にとらえていく立場（国家肯定論）とこれを否定的にとらえていこうとする立場（国家否定論）とが競合していると整理できよう。「国家肯定論」のなかでも（a）ヘーゲルを代表とする哲学的国家論、（b）ラスキやホッブハウス

(Leonard Trelawny Hoahouse, 1864-1929) を代表とする機能的国家論、(c) ケルゼン (Hans Kelsen, 1881-1973) を代表とする法学的国家論などについて、本章で検討することとしたい。また、「国家否定論」としては、(a) プルードン (Pierre Joseph Proudhon, 1808-65) を代表とするアナーキズム、(b) マルクスとレーニンの主張を概観したい。

1　国家肯定論

哲学的国家論

ヘーゲルは国家を倫理的理念の現実体とか民族精神の表現であると論じている。彼の議論をフォローしてみよう。「国家は倫理的理念の現実性である。――すなわちはっきりと姿を現わして、おのれ自身にとっておのれの真実の姿が見紛うべくもなく明らかとなった実体的意思としての倫理精神である。そしてこの実体的意思は、おのれを思惟し、おのれを知り、その知るところのものを知るかぎりにおいて完全に成就するところのものである。国家は習俗において直接的なかたちで顕現し、個々人の自己意識、彼の知と活動において媒介されたかたちで顕現するか、他方、個々人の自己意識もまた、心術を通して彼の実体的自由を、彼の本質であるとともに彼の活動の目的と所産であるところの国家のうちにもっている[4]」、とヘーゲルはのべ、「この実体的一体性は絶対不動の自己目的であって、この目的において自由はその最高の権利を得るが、他方、この究極目的も個々人に対して最高の権利をもつから、個々人の最高の義務は国家の成員であることである」[5]、と国家の最高存在性を強調する。ヘーゲルにとって国家は客観的精神なのであり、個々人がそれと一体化することで自己実現が達成されるのである。[6] 国家にあっては、それが道徳的共同体であるゆえにすべての思惟様式や行動様式を統一するのである。[7] ヘーゲルは、市民革命の理論的な武器となった社会契約説を否定した。国家は契約によるものではなく、また個々人の生命や所有権を保全するのを目的とはしない。国家はより高次の存在である。個々人の生命や所有さえも国家の権利として請求し、それらの犠牲を個々人に要求できるのである。[8] ところで、ヘーゲルの哲学的国家論はイギリスにあっては後期オックスフォード学派のボサンケットにより受容摂取された。やがて、イギリスの伝統的な個人主義の系譜にあるラスキやホッブハウスによってヘーゲル＝ボサンケット（Bernard Bosanquet, 1848–1923）流の哲学的国家論は批判を受けた。

機能的国家論

多元的国家論者としてのラスキは国家の絶対化に対して、攻撃をくわえた。国家は断じて絶対的な存在ではなく、社会のなかの一団体にすぎないという。ただ、国家が他の社会集団と違うのは、それが法的な強制力をもつ点なのである。国家は他の社会団体と競合して個々人の忠誠をかちえるべく、種々のサービスを提供する。国家はそれ自体目的ではなく、個々人の幸福の達成のための一手段にすぎないものなのである。国家は普遍的かつ絶対的な存在ではない。国家の主権性はあくまでも相対的なものなのである。ラスキはこのように考察したのである。[9] ホッブハウスもまた、国家の絶対化を批判した思想家である。個々人は国家に従属するのではない。国家のための一手段でもない。個々人が全体社会に埋没してしまうのは、自己の自由を否定することになってしまう。個々人が国家に対して義務を負い、国家に対してのみ忠誠をつくすのは、結局のところ個々人の権利を放棄する事態になる。国家はすべてのものを包含する全体社会では断じてないことを、ホッブハウスは繰り返し繰り返し語るのであった(10)。フランスの公共サービス学派の代表的な思想家といえば、デュギー（Léon Duguit, 1859-1928）である。デュギーはドイツ的な権力国家論を批判した。そして、国家から権力的な要素を排除し、それにかわって公共サービスを国家がおこなうべきことを主張した。国家は社会保障、教育、交通・通信、などの機能をはたしていくべきであるとした。そのことにより、ひとびとの生活条件の向上につながることを認識したのである。国家は、個々人のための公共サービスを実行する義務を負うのであった(11)。

法学的国家論　ケルゼンは純粋法学の立場から、国家の把握をこころみた。ケルゼンの理論は〝国家と法の自同性論〟といえる(12)。国家は秩序としては法秩序またはその統一体の表現である(13)。法秩序としての国家の本質は、この規範的体系の固有法則性においてのみとらえられるのである(14)。国家が規範体系ならば、それは実定法秩序である(15)。国家の作用は、法を通しておこなわれる。国家は権力としては把握できない。国家権力は法の特殊な権力なのである。国家の執行行為は、結局法的行為なのである。ケルゼンは法学の純粋さを探求しすぎるあまり、現実の国家の把握に失敗してしまった。彼の国家論は、〝国家なき国家論〟である。つまり、彼の政治捨象性的な国家論は国家を無価値なものにしてしまっているといえよう。[16]

2　国家否定論

アナーキズム　フランスの労働運動にも多大な影響をあたえたプルードンは、個人主義的無政府主義の立場であった。彼は、「政府は最初それがいかに民衆的なものであったとしても、結局はもっとも貧困で、もっとも多数の階級に対抗して、知識水準がもっとも高い、いちばん金持ちの階級の側にくみするようになったということ。さらに政府は、しばらくは自由主義的な態度を維持したのちに、少しずつ例外的排他的になったということ。最後に、すべての人々の間で自由および平等を支持するかわりに、政府は特権へのその自然的傾向のゆえに、それらを破壊するために執拗に努力したこと[17]」について率直な疑問を呈した。彼は、「われわれは恐れることなく、革命方式はもはや直接立法でも、直接政府でも、単純化された政府でもありえない、と結論しよう。もう政府はたくさんだということこそ、基本的方式なのである。それは君主制でも、貴族制でも、はたまた民主制でさえもない——たとえ、人民の名において作用し、人民と呼ばれるにしても、この第三の用語（民主制）がなんらかの政府を含意するかぎりは。権威も、政府も、人民的な政府でさえも、絶対に存在してはならない。そして、これこそ革命なのだ[18]」、と主張した。プルードンはブルジョア支配を詭弁的で、強制的で、人類の搾取を目的としているものとして断罪したのであった。[19]

共産主義的無政府主義とでもいうべきバクーニン（Mikhail Aleksandrovich Bakunin, 1814-76）は国家とは悪であり、ただし歴史的な悪であるという。[20]彼の議論の展開をおってみよう。国家の本性のなかに反逆を誘発する何ものかがある。国家は権威である。また、それは暴力をもつ。国家は強制者であり、人間の恒常的な否定者である。国家がたとえ善を命令するときでさえ、命令をするということのために善は毀損され、無価値なものとなってしまう。国家の命令は、それが発する瞬間から悪に転化する。[21]近代市民革命によりブルジョアジーが支配階級になった。やがて、国家はブルジョアジーの政治権力を維持するための制度と化してくるのである。[22]

バクーニンは国家神学という考えを批判する。国家神学の内容は、国家とは公共的であり私的な個々人の利益と対立する。国家は万人の利益や集団的な福祉をめざす。それは正義であり、地上における徳と道徳の実現なのである、というものである。しかし、国家は万人の福祉という虚構の名において全体を構成する私権の制限や否定により生きた社会を圧殺してしまうものである、[23]とバクーニンはみてとった。国家により、社会は犠牲になるのである。[24]国家が存在するかぎり、人間の友愛の実現は不可能である。階級の消滅や政治的社会的な平等の実現は、経済的手段と教育と労働生活の平等によるものなのである。[25]労働者たちが希求していることは正義、つまり労働における各人のすべての自由と平等とに基づいた人間的な生存である。しかしながら、国家の不正義と搾取による政治的世界のなかでは、実現不可能である。真摯であればあるほど労働者は必然的に革命的社会主義者たらざるをえなくなる。労働者自身の解放は現存の国家機構の転覆によってしかありえない。(26) ここに、革命論がでてくるのである。

クロポトキン（Pyotr Alekseevich Kropotkin, 1842-1921）にとって、国家は特権を享受するための相互的保証を確立する制度である。農民や労働者を支配するため、国家は幾世紀にもわたって整備されてきた。(27) 国家はブルジョアジーたちが労働者階級を搾取するために結ばれた相互保険会社である。このような国家を否定するアナーキズムについて、彼はつぎのように説明する。それは、少数の支配者に対抗して大衆が自己を擁護するための創造的建設的力を表現している。アナーキズムによって社会の自由な発展を保証していくことができる。(28) クロポトキンは権力者によって規制されるのではなく、ひとびとの自由に基づく合意によって規制される社会を理想とした。(29) そこでは、他人に自己の意思を押しつける権力は存在せず、人間の人間に対しての統治もなく、生活の停滞もないのである。そこには、ただ前進があるだけである。個々人がもって生まれた天分や個性を伸長させていくことができるのである。万人の完全な平等の権利が、実現されるのである。(30) 共産主義は本質的に平等主義的であり、一切の権力の否定にほかならない。万人の平等の実現には、生産手段の共有と最小限の生活物資の保障が必要である。クロポトキンは共産主義とアナーキズムとの融合をこころみた。(31) アナーキズムは国家に対抗し個人を擁護し、社会の味方となる観念なのである。(32) クロポトキンは、共産主義的無政府主義者であった。

アナーキズムは強制のない社会をめざした。個人の権利と社会とは矛盾なく両立するものと考えた。ひとびとの相互協力と相互扶助に嚮導された社会関係を理想としたのである。

マルクス主義

マルクスは国家権力を事実上、中産階級の創造物とみた。それは、たしかに封建制度を打倒したのであるが、やがて労働者階級の解放を打ち砕く手段となった[33]。国家は労働者に対する資本の全国的権力、階級専制の機関という性格をつよく帯びている。中央集権的国家権力は絶対君主制の時代にまでさかのぼる。やがて、ブルジョアジーたちがこの機関を独占した。したがって、労働者階級が政治的主導権を掌握したとしても、できあいの国家機構をそのまま使用して自分自身の目的を実現することはできない[34]。そこで、国家の否定なり、革命なりの論理が嚮導される。

エンゲルスは国家をヘーゲル的な人倫理念の実現体ではないと批判した。国家は、社会の産物なのであるという[35]。国家は社会の分裂によって、つまり階級の分化にともない出現してきたものである。国家は有産階級の無産階級に対する防衛のための組織である。国家は階級対立を制御する必要によって生じたのである。経済力を掌握する階級は政治的権力も握る。この支配階級の被抑圧階級を抑制し搾取する手段が、国家なのである[36]。エンゲルスは生産者たちの自由で平等な協力関係の基礎のうえに生産を新たに組織した社会が実現されたならば、支配階級と国家は不可避的に滅びることを理想としたのである[37]。

レーニンはマルクス＝エンゲルスの学説をさらに具体的に発展させた。マルクスの階級闘争説は必然的にプロレタリアートの政治的支配とその独裁の承認を論理的に導く。プロレタリアートがブルジョアジーにかわって国家権力を掌握することを、レーニンは主張した。プロレタリアートには国家権力、すなわち中央集権的な権力組織、暴力組織が必要となる。ブルジョアジーの打倒にともないその反抗を押さえこむためにも、また社会主義経済を組織化するためにも、またひとびとを指導していくためにも政治権力が必要なのである、とのべた。マルクス＝レーニン主義にあっては、ブルジョアジーの支配手段としての国家を否定した。ブルジョアジーが掌握する権力をも否定した。しかし、プロレタリア革命を遂行し、社会主義社会の実現にあたっては政治権力が必要とされた。また、プロレタリア国家の樹立ののちには、プロレタリアによる独裁が結果してくるのである。[38]

3 福祉国家論

アナーキズムは抑圧的な政府や不平等社会に対しての、一種の抗議であった。また、マルクス主義は資本主義国家に対しての痛烈な批判であった。ある面では、このような反・資本主義的国家論に対抗すべく、福祉国家論が提起されてくる。もっとも、マルクス主義陣営からは、福祉国家論それ自体が国家独占資本主義の国内向けの政策であり、ブルジョアジー階級の支配権力を隠蔽したものにすぎないとの批判もでてくるのであった。いずれにせよ、二〇世紀は福祉国家の時代といえよう。国家が社会政策や経済政策によって、積極的に国民の福祉を増進していこうとするのであった。現代国家はその統治的構造的側面からすれば行政国家である。また、その機能的政策的側面からすれば、福祉国家なのである。行政国家については、拙著『政治学原論序説』においで以前考察したところである。本書では、福祉国家の発展過程と理論的構造などについてさぐってみたい。

一九世紀の産業革命以降、工業化や都市化が進展していった。また、経済の拡大につれて、その反動ともいうべき不況がおこりはじめる。自由放任主義や夜警国家論は不況の問題や社会問題に対して無力であった。ここにおいて、国家の機能化が求められてくるのであった。たとえば先に検討したホッブハウスなどは、積極国家への転換を主張した人物のひとりである。国家が貧困や社会保障、失業対策、住宅供給、公衆衛生、などの機能を積極的にはたし、社会問題や経済問題の解決にあたっていくべきとの国家観の転換がはかられてくるのである。福祉国家観は思想史的にとらえれば、①フランス革命の自由、平等、博愛の理念、②ベンサム（Jeremy Bentham, 1748-1832）らの功利主義（最大多数の最大幸福）、③ビスマルク（Otto von Bismarck, 1815-98）やベバリッジ（Wiliam Beveridge, 1879-1963）の推進した社会保険と社会保障制度、④フェビアン社会主義の基幹産業の公有化、⑤ケインズ（John Maynard Keynes, 1833-1946）の完全雇用論[39]、などの影響を受けて構成されてきたのである。ダイシー（Alaert Venn Dicey, 1835-1922）はコレクティビズムの時代として、以下の特長が顕著になってきたという。つまり、国家が活動し干渉すれば利益をあたえられるという信念が国民のあいだに生じてきているのである。これは、自由放任主義の否定であり、たとえ個人の自由が制限されてしまおうとも国家の干渉は有益なことであるとの信念なのである。(40) 現代にあっては、ハーバーマスが法治国家と社会福祉的法治国家とを対比しつつ、以下のようにのべた。

社会福祉的法治国家がリベラルな法治国家から区別されるのは、ある国家体制が、社会的諸組織の体制をも特定の基本原理によって確定しようという、法的拘束力のある建前をもって登場することによるのではない。むしろ事態は逆であって、社会福祉国家はまさに自由主義国家の法的伝統を継承して、社会的諸関係の計画的設計へと進むことを迫られているのである。なぜなら、自由主義国家も、国家および社会の全体的法秩序を確立しようとしたのだからである。国家が次第にみずから社会秩序の担い手の地位にのぼってくると、国家は自由主義的基本権の禁止命令的規定にとどまらず、福祉国家的介入において正義をいかにして実現すべきかについて、積極的指示を確保せざるをえなくなる。法治国家的法律概念は……平等を保障する普遍性と、正当性すなわち正義を保障する真理性というその二つの要素において、すでにいちじるしく空洞化されてしまったので、その形式的基準を充たしただけでは、新しい素材の適切な規制にはもはや間に合わなくなっている。形式的な保障の代わりに、実質的な保障が登場して、これが利害妥協のために配分の正義を綱領的に下描きするのでなければならない。こうして、たとえば社会的生産増の配分は、次第に政治的機関の権能に託されるようになっていく。そのさい基準となる配分の鍵をめぐって、公共団体が立法府や行政府と闘争する。それゆえに、社会的責務を負う国家は、成立する利害調整が公益の枠から外れないよう監視しなくてはならない[41]。

福祉国家は社会の安定化と平等化をめざす。そして、そのことにより、ひとびとを統合し、政治体制の安定を確保するのである[42]。社会福祉国家は福祉と社会正義と変革をともなわない社会改良をめざすのである[43]。福祉国家の福祉とは社会のニーズによって具体的な政策に転化したものである。しかしその政治的な意味合いとしては、社会主義者たちの要求を支配階級が体制内在化してしまった点にあるといえよう。いわば、資本家階級の労働者階級に対してのカウンター・イデオロギーの面をもちあわせている。いずれにせよ、社会国家なり、福祉国家なりの目的は、①貧困と逼迫に対しての扶助、②万人に対しての人間の尊厳にふさわしい生活条件の確保、③所得格差の縮小と平等化の推進、④社会保障の整備[44]、などである。リッター（Gerhard A. Ritter, 1929–）は福祉国家の任務には、「老齢、廃疾、疾病、災害や失業に際して所得保障の措置にもとづく最低生活水準の確保や、大家族への援助、公衆衛生での扶助、社会住宅の建設を通じての個人の社会的安定の保障が含まれるだけではない。さらに……一人一人の人生のスタートチャンスでの著しい格差の公教育制度による是正、租税体系をとおしての所得の部分的再配分、さらに被用者に対するさまざまな保護措置をとおして労働市場および労働条件の調整がある[45]」、とまとめている。このように、福祉政策は無限の広がりをもつものである。環境の保護やレクレーション施設の建設、芸術の育成なども、福祉政策の一環として位置付けられてもくる。

オッフェによれば、福祉国家は市民の要求にこたえる一連の法的な権利付与の機関と考えられる[46]。市民の広範な諸要求に応えられるのは、福祉国家化と経済成長・ケインズ主義的な経済政策とが密接な関係をもってきたからである。つまり、積極的な国家の経済政策が経済成長を下支えし、経済の成長・拡大化につれて租税収入が増大する。そして、国家財政の歳入増加にともなって福祉プログラムの実施が可能となるのである。要約すれば、持続的な経済成長が福祉サービスを規定するのである[47]。ケインズは、国家が社会正義と社会安定のために経済を統制していくことを強調した[48]。現代国家は、こぞって積極的な経済政策を採用した。このケインズ主義的経済政策は経済成長と完全雇用の促進と労働者の保護、ならびに社会的な平等をつくりだしていった[49]。そして、一九六〇年代には、福祉国家はその最高頂に達した。この時期、福祉国家の有効性は何ら疑われることはなかった。階級対立ではなく労使協調が、また革命ではなく社会改良がひとびとの共通認識となっていった。しかし、一九七〇年代にはいると福祉国家論に対して批判が向けられてくるのであった。景気の後退、インフレの昂進、失業者の増大、経済成長率の低下などの社会的経済的条件のもとで、福祉国家の有効性や実効性にかげりが見えはじめてくるのであった。

国家の機能を縮小化すべきであるとする右派からは、福祉国家は市場社会のコンフリクトを調整するのではなしにそれを悪化させ市場の力を妨げているという批判がでてくる。国家が経済を規制していくことで、投資意欲が削がれてしまう。また、資本に対しての課税の負担の強要も問題である。さらに、労働者の権利強化がかえって労働意欲の減退をまねいたのである。福祉国家はそれ自体が権利やサービスの源泉ではない。あくまで、それは経済成長や収益に依存しているのである。他方、福祉国家を資本主義的国家の一変種にすぎないとする左派からは、福祉国家は資本家側と労働者側との階級間の所得の配分をかえてはこなかったと批判される。福祉国家は社会問題の根本的な原因を根絶することなく、被害をこうむった労働者たちにその埋合わせをしているにすぎない。福祉国家のうちだす政策もつねに後手にまわっており、その効果はうすいのである。[50] また、各種サービスの提供につれて肥大化した官僚組織は、非効率的なものとなってしまう。福祉国家は、永遠に有効な手段とは考えられないのである。[51]

マネタリストとして有名なノーベル経済学賞受賞者のフリードマン（Milton Friedman, 1912-2006）は、肥大化した福祉国家の見直しを提言した。福祉国家化につれて政府の規制の増大、財政難、雇用の確保が増大しているのにもかかわらず公的扶助の受益者数の増加、という矛盾がでてきている。[52] フリードマンは、現行の福祉政策の大半は不必要なものであるという。福祉政策が制定されなければ多くのひとびとが国による被保護者とならなかったであろうし、自立した個人であったはずである、たとえ低賃金であったとしても働かせたほうが、福祉の一方的な受益者にとどめておくよりもはるかに人道的な結果をまねくことになる、[53] と彼の批判はかなり手厳しい。

福祉国家の問題点としては、①福祉国家の完全な平等化政策はいまもって実現されてはいないし、また将来にわたっても達成不可能な目標である、②福祉国家は貧困階層ではなく中間所得層に有利に働く傾向がある、[54] ③福祉国家は管理国家であり、官僚国家になる、などがあげられよう。最近では、新保守主義により福祉国家論の見直しが提起されてきている。具体的な政策としては、①民営化路線、②完全雇用の打切りと合理化・リストラの推進、③労働組合の骨抜化[55]、④国家の財政負担の軽減、⑤市民の自立化、⑥国家の規制の撤廃、などである。

筆者（大塚）は、原則として福祉国家化路線は今後も継続発展させていくべきものと思う。その理由としては、第一にいまもって社会的経済的な平等は実現されていないからである、第二にいままで拡大してきた福祉サービスのすべてを削減してしまうのは現実の問題として無理だからである、第三に福祉の切り捨てが断行されれば、そこには富める者と貧しき者との、力のある者と非力な者との新たな階級分化が生じ社会の安定化がそこなわれるからである[56]、第四に国民の生存権の保障は近代国家の誕生時より国家が実現すべき任務であったからである、第五に租税体系をとおしての社会的な資源の配分は、福祉サービスをもってする以外の方法は考えられないからである。実際に新保守主義を標榜する政治家たちが福祉国家の見直し政策を遂行しようとこころみたけれども、福祉政策の切り捨ては国民が納得しないことから、結局のところ断行には及ばなかった例がある[57]。このように、財政負担の増大や租税収入の減少ということから福祉の切り捨て政策が実施されようとしても、国民の理解をえないままの実行は政治の混迷や人権の抑圧にまでつながりかねないのである。当然のことながら、何らかの財政的な措置に裏付けされてはじめて、福祉政策がおこなわれる。今後、福祉国家化の廃棄は現実に不可能であったとしても、以下の見直しをしていかなければならない。つまり、第一に広く各人の能力に応じて平等に租税負担していくこと、第二に完全な福祉サービスを求めるのではなく一部自己負担を原則とすること、第三に国家の機構のスリム化（経費節減）をはかっていくこと、などである。社会連帯の維持のためにも、また社会の安定確保と統合のための手段としても将来にわたっても福祉国家路線は堅持されていくであろうし、また維持されるべきものなのである。

(1) ロック『市民政府論』一二八頁。
(2) 同上一四二頁。
(3) アダム・スミス（水田洋訳）『国富論（下）』（河出書房、一九六〇年）一四八頁。
(4) ヘーゲル『法の哲学』四七八―四七九頁。
(5) 同上四七九―四八〇頁。
(6) 同上四八〇頁。
(7) ヘーゲル（武市健人訳）『哲学入門』（岩波文庫、一九八〇年）一〇七頁。
(8) ヘーゲル『法の哲学』三〇一頁。
(9) 拙著『フランスの社会連帯主義』（成文堂、一九九五年）一―四一頁。
(10) 拙稿「ホッブハウスの国家論」『政経研究』第三〇巻第一号一四七―一七七頁。なお、拙稿「ラスキとホッブハウス」『法学新報』第一〇一巻第五・六号二三七―二五六頁参照。
(11) 拙著『フランスの社会連帯主義』四三―八九頁。
(12) ケルゼン（清宮四郎訳）『一般国家学』（岩波書店、一九七一年）二九頁。
(13) 同上二七頁。
(14) 同上三六頁。
(15) 同上二八頁。

(16) 同上四一五頁。
(17) プルードン（渡辺一訳）「一九世紀における革命の一般理念」『世界の名著四二』（中央公論社、一九六七年）一五四頁。
(18) 同上一七二―一七三頁。
(19) 同上一七六頁。アンサールの指摘するところでは、プルードンは専制政治から共産主義的民主主義にいたるまでのすべての政治体系を拒否するのだという。というのも、すべての政治体系はいずれもヒエラルヒーを再生し、国家の権威を尊重させるからである。アンサール（斉藤悦則訳）『プルードンの社会学』（法政大学出版局、一九八一年）一二二頁。
(20) バクーニン（勝田吉太郎訳）「神と国家」『世界の名著四二』二五五頁。
(21) 同上二五五―二五六頁。
(22) バクーニン（勝田吉太郎訳）「靴のドイツ帝国と社会革命」同上三六七頁。
(23) バクーニン（勝田吉太郎訳）「ロークルおよびショ・ド・フォンの国際労働者協会の友人たちへ」同上三八七頁。
(24) 同上三八八頁。
(25) 同上三八〇頁。
(26) バクーニン「インタナショナルの政治」同上四二一―四二三頁。
(27) クロポトキン（勝田吉太郎訳）「近代科学とアナーキズム」同上五四一頁。
(28) 同上四四二頁。
(29) 同上四八七頁。
(30) 同上四八八頁。
(31) 同上五二七頁。
(32) 同上五五四頁。
(33) マルクス『フランスにおける内乱』一四二頁。
(34) 同上七七頁。
(35) エンゲルス『家族・私有財産・国家の起源』二二五頁。

(36) 同上二二七―二二八頁。
(37) 同上二三〇頁。
(38) レーニン『国家と革命』四二頁。
(39) ロブソン（辻清明・星野信也訳）『福祉国家と福祉社会』（東京大学出版会、一九八五年）三頁。
(40) ダイシー（清水金次郎訳）『法律と世論』（法律文化社、一九七八年）二六〇頁。
(41) ハーバーマス『公共性の構造転換』二九四頁。
(42) リッター（木谷勤他訳）『社会国家』（晃洋書房、一九九三年）一五頁。
(43) ロブソン『前掲書』七頁。
(44) リッター『前掲書』一三頁。ミシュラー（丸谷冷史他訳）『福祉国家と資本主義』（晃洋書房、一九九五年）二一頁。
(45) リッター『前掲書』一二頁。
(46) オッフェ『後期資本制社会システム』二九四頁。
(47) 同上二九六頁。
(48) ケインズ（宮崎義一訳）「私は自由党員か」『世界の名著五七』（中央公論社、一九七七年）一五四頁。
(49) オッフェ『前掲書』二九九―三〇〇頁。
(50) 同上三一三―三一五頁。
(51) 同上三二〇―三二四頁。
(52) フリードマン（西山千明訳）『選択の自由』（日本経済新聞社、一九八〇年）一五二―一五三頁。
(53) 同上一九〇頁。
(54) シャンド（中村秀一・池上修訳）『自由市場の道徳性』（勁草書房、一九九四年）二六五頁。
(55) フィル・リー／コリン・ラバン（向井喜典・藤井透訳）『福祉理論と社会政策』（昭和堂、一九九一年）一九六頁。
(56) ミシュラー『前掲書』一一四頁。
(57) 同上二六頁。

7 社会

政治哲学史をふりかえってみると、多くの研究者たちによってさまざまな社会モデルが提起されてきた。ところで、社会はどのような構成体なのであろうか。社会はどのように認識されるのであろうか。社会は原子的な個人から構成されるものと一般的にとらえる向きが多い。しかしながら、このように単純に把握することはできない。社会の認識方法は、多面的である。そもそも、政治は社会的な現象である。政治の哲学的な究明をおこなうにあたって、政治が派生するアリーナである社会の存在性・構造性についての認識は重要な課題となってこよう。

1 社会認識類型論

社会の構成に関して多くの考え方が提示されてきた。これらの社会モデルを整理するにあたり、デュヴェルジェ（Maurice Duverger, 1917-）の理解は示唆にとむ。さしあたり、彼の整理を一瞥してみたい。そもそも、社会認識には二つの傾向があるという。第一に、社会の集合的な性質を強調する立場である。それは、集団の存在性を肯定し個人から区別されたものとする。第二に、個人のみが思惟し行動する事実を強調する立場である。それは、集合的なものを個人的なものへと還元してしまうのである。[1] そして、デュヴェルジェは以下のように諸学説を整理するのである。

A共同体主義的諸傾向

①有機体説（スペンサー Heaert Spencer, 1820–1903）

②共同体の存在学（ホッブズ・ヘーゲル）

B心理主義的諸傾向

①古典派経済学（A・スミス）

②心間心理学／社会心理学（タルド Jean Gaariel Tarde, 1843–1904）

C両傾向の融和の努力

①マルクス主義

②社会学主義（デュルケーム Émile Durkheim, 1858–1917）

③現象学／実存主義哲学[2]

デュヴェルジェの理解のうち、若干の問題点が指摘できるであろう。たとえば、スペンサーの位置付けについて疑義がある。スペンサー理論における伝統的な個人主義理論と社会有機体説とのうち、後者のみに着目して共同体主義に位置付けているのはどのようなものだろうか。また、デュルケームがA・B両傾向の完全な融合をはたしたと理解している点で問題を含むものである。つまり、デュルケームの集合表象論が、完全に個人意識と集団意識とを融合化したものと断定できるのかという点で疑問がのこる。しかしながら、デュヴェルジェがおおきく、A―Cの三つの傾向があることを整序しているのは正しい。

一般的にいって、社会を把捉するにあたってのアプローチとして、〝方法論的個人主義〟と〝方法論的集団主義〟とがある。前者は、説明上の一つの規定、つまり社会現象にしろ個人現象にしろそこでの説明がつねに個人に関する諸事実の見地に依拠してなされていないかぎり、それは説明に値しないとか、あるいは徹底した説明ではないとする。(3) 方法論的個人主義は、①自明の原子論、②社会現象に関する言明は個人についてのそれである、③個人だけが存在する、④社会法則は不可能であるとする、⑤社会的個人主義、などの要素をもつのである。(4) 社会は個人ほどには重要なファクターではないのであり、社会は独立した存在性をもたない抽象的な構成物とみなすのである。(5) ヴェーバーは、「個人は意味のある行動の唯一の担い手である。国家、組合、封建制等々といった概念は、社会学にとっては、一般的にいえば、人間の共同行為の一定の仕方のための範疇である。したがって、社会学の課題は、そうした範疇を、理解しうる行為へ還元することである(6)」、とし、さらに「社会形象（国家、組合、株式会社、財団）を個々人（たとえば、権利と義務の担い手としての、あるいは法律的に問題となる行為の当事者としての）とまったく同様に取り扱うことは有効でもあり、かつ不可避でさえある。ところが、社会学による行為の理解的解明にとっては、これら諸形象はただ個々の人間の特有な行為の経過および連関であるにすぎない。なぜなら、個々の人間だけが、われわれにとっては、有意味的な方向づけられた行為の、理解しうる担い手だからである(7)」、とのべている。

方法論的集団主義は、社会集団的な事象を独立した存在性をもつものとして認識するものである。たとえば、デュルケームは「社会は結合した個人の総体をその基体として有している(8)」、とし、「社会は何よりも先ず諸個人によって実現されるあらゆる種類の観念、信念、感情の総体である。これらの観念の中で第一に位するものは社会の主要存在理由たる道徳的理想である。……社会とは知的および道徳的活動の強力な中心であって、この中心の波動は遠くにまで到達する。諸個人間で取り交わされる作用、反作用から一つの全く新しい心的生活が発生し、それはわれわれが孤立して生活していては思いもつかない世界にわれわれの意識を運ぶのである(9)」。社会は諸個人の総和でなく、それ自体が独特の属性を備えている。社会的事実は個人に対して独立的であり、個人意識に対して外在的なものである(10)。個人生活は社会生活から生じてくるのである。個性は社会のなかで彫塑されるのである(11)。個人は社会から逸脱することはできないのである(12)。

方法論的個人主義と方法論的集団主義とを融合させた見解として、〝現象学的社会学〟がある。現象学的社会学は、主観的な契機と客観的な契機との弁証法的な総合を意図するのであった。たとえば、ギュルヴィッチ（George Gurvitch, 1894-1965）は「個人も社会も、いずれも単独では存在しえない。いわば両者は双生児であるが、仲たがいしている兄弟ではなく、固く結ばれていて離れられない兄弟である。人間が今日生活しえているのは他人のおかげであって、社会とはまさしく、われわれ自身およびこの他人を含んでいる。社会とは、すべての他者、われわれ、わたくしをふくんでいる。……個人は、社会に内在し、社会は個人に内在している」[13]のである。ヘラーは社会的現実は主体的な人間の活動とその客観的諸条件という両契機が相互に不可分に結合しているという。[14]社会的現実とは分離できない弁証法的統一をなす個人的および集団的な社会活動である。個人的契機と集団的契機とが相関的に共属されることで正しい関係におかれる。個人を社会とともに、そして社会によって覚醒され、かつそれに組み入れられたものとして認識し、さらに社会を個人のなかに、そして個人とともに生き、かつ活動するものとして認識することによってのみ、ひとびとは他方による一方の機能化を回避し、社会的現実の構造を把握することができるのである。[15]

本書にあって、共同現存在における社会的営為としての政治を究明していく立場をわれわれはとってきている。つまり、個人はけっして独立しては存在しえないものであり、個々人間の相互依存関係を重視しなければならない。また、個人を超越した社会的な、集団的な行為や現象がみられる以上、ホリスティックな観点もまた必要と思われる。いわば、方法論的個人主義と方法論的集団主義との並立の立場にたつものである。ところで、方法論的集団主義の側にあるデュルケームも個人的存在を無視していたのではない。彼は、社会的個人とでもいうべき存在に注目していた。また、方法論的個人主義の立場にあるラスキも個人的実在にのみ関心を向けていたのではない。彼は、いわば、集団的個人主義を提唱していたのである。つまり、個人は集団に属することで、国家権力の抑圧から防御することができ、自己実現をはかるものとしたのである。社会は個々人の相互関係に基づく集団的構成体としてとらえられるのである。

ちなみに、現在にあって、フランクフルト学派からは以下のような見解が示されてくるのである。すなわち、「個人が全体から根源的に独立したいという信念があっても、このような信念は実際ただの見せかけである。個人自身の形式はある社会の形式であり、それは独立した経済主体が集まる自由市場の媒介を通して生活を維持している。個人が強力になればなるほど、それだけ社会の力も、交換関係――個人はそのなかで形成される――によって強化される。個人と社会はともに補完しあう概念である。簡単にいえば、個人は自然存在の対立物である。つまり、個人は単なる自然の関係から自らを解放し、疎遠な存在であり、もともとはじめから社会と関係した存在、したがってそれ自体孤立した存在である[16]」、と。ひとは個人である前に共同社会的人間であり、他者との関係をとおして存在しえるものなのである。個々人の存在性は所与の社会的条件のもとではじめて意味をもつものなのである。

2 多元的国家論

国家と社会とは明確に区別しなければならない概念である。ともすれば、日本にあっては、国家＝社会ととらえる傾向が強いように見受けられる。西洋政治哲学史をふりかえってみたとき、国家と社会とを同一視する国家一元論が、ヘーゲルやボサンケット等によって展開された。これに対して、国家と社会が同一視されることで、個人の自由が保障されるどころかむしろ抹殺され、個人は国家目的のための一手段にすぎなくなってしまうとして、国家一元論を批判したのが、多元的国家論であった。多元的国家論によれば、①国家は社会内のひとつの部分社会にすぎない。②国家は特定の目的をもった機能団体である。③団体には団体自主権がある。④国家権力の及ぶ範囲は個人生活の外的条件にのみに限られ、内面にまでは干渉すべきでない、というのである。

多元的国家論者のひとりであるアメリカの社会学者マッキーバーは、コミュニティーとアソシエーションとを区別する。コミュニティーは村とか町、地方や国とかよりももっと広範囲の共同生活体である。[17] コミュニティーは精神的統一体である。それは、社会的存在の共同目的と相互依存の目的とに依拠している。[18] これに対して、アソシエーションは社会存在がある共同の目的の追求のための組織体である。[19] コミュニティーは統合的であるが、アソシエーションは部分的である。[20] 国家はコミュニティーではなく、権威をもつアソシエーションである。[21] アソシエーションとしての国家は社会秩序の維持発展のための目的をもつのである。(22) ここにおいて、国家＝社会の等式が否定されるのであった。イギリスのラスキもまた、国家は社会のなかの一団体（アソシエーション）にすぎないことを主張した。また、社会は各種の団体の連合体であると理解した。ところで、多元的国家論は、団体の人格性に関心を向けた。そもそも、多元的国家論はメイトランド（Frederic William Maitland, 1850-1906）がギールケ（Otto Friedrich von Gierke, 1841-1921）の『ドイツ団体法』（一八六八―一九一三年）を翻訳したことにはじまる。バーカーは集団の噴出を指摘した。それまでの法学界では、団体を法による擬制としてとらえていた。いわゆる法人擬制説である。それは、自然人だけが法的主体であり、法人は自然人に擬制して認められた人格にすぎないものとした。法人擬制説は、法人自体の活動や不法行為能力をも否定するのであった。このように法人擬制説は、個人主義的法学説であった。これに対して、実在的団体人格の学説が超個人主義的な法人理論としてあらわれてくる。

多元的国家論は、この団体人格説を援用することで自己の理論を発展させていった。多元的国家論に従えば、社会は集団の総計なのである。国家は社会の中心に位置するけれども、他の団体と並列的である。このことは、結局国家の絶対主権性を否定することになったのである。団体の人格性は国家から最大限尊重されるのである。団体は自己の目的の実現のために行動するが、それに対しても国家は干渉することが排除されてくるのである。主権は唯一、不可分ではなく、多細胞的である。そして、その主権を各団体が保持するのである（社会団体自主権）。国家と各団体とは主権を共同してもつという、共同主権の考えをバーカーは提起するのだった。「国家対個人」から「国家対集団」への理論転換を、バーカーははたした。彼は、国家と個人との間の緊張関係を集団を介在させることで、国家＝集団＝個人の均衡状態を生みだそうとした。集団は個人人格の発展にとって不可欠の存在である。集団の目的は、それ自体絶対的ではなく、個々人の発展のためにある。バーカーは大社会における個人自由の回復を重要課題とした。そのために、個々人は集団に依拠して国家権力に対抗していくのが、多元的国家論であった。バーカー理論はそのなかでも、大衆社会化状況における個人を集団を媒介として統合させていくこと、また集団をとおして個人人格の発展をめざすことをメルクマールとしていた[23]。

多元的国家論は一元的国家論が国家の絶対化をまねき、個人の権利を抑圧させていることを痛烈に批判した。そして、国家は社会における一組織にすぎないことを強調した。この主張は二〇世紀初頭にあって、ひとびとに対しての、とくに支配者に対する警句となった。ところで、現代にあっても、国家一元論的な傾向がひそんでいるのを見落としてはならないであろう。つまり、行政国家化（傾向）が、それである。アロンは、「あらゆるものの中心をなすところの国家が、次第に次第に各種の管理機能を摂取し、かくて行政機構は日増しに大きく、強力になっていく[24]」、とのべた。国家が権限を強化させ、監督機能をもつことで、個々人の私的領域に干渉し、また個々人が受動化してしまっているのが懸念される。行政国家化は、国家による社会の併呑である。国家と社会との過度の同一化は、結局個人の抑圧の危険性につながっていくことに注意しなければならないのである。

3　現代社会論

最近の思潮のなかで、農業社会から産業社会、そして情報化社会の到来がさかんに議論されている。いわゆる、ポスト・モダン論である。農業社会にあって労働集約性と勤勉性とが産業活動のメルクマールであった。これに対して、産業社会の特色である資本集約性と生産性は飽和状態化しており、脱近代的思考による社会像が理論的に求められているのである。ポスト・モダンの社会は情報化社会であり、知識集約性と付加価値性が顕著になっていくであろうと考えられている。また、自己組織性やオート・ポイエシス（自己生産・自己創出）論などが、社会学プロパーで論議されている。近代化は過去の歴史をふりかえってみると三段階を経過してきたといえる。第一の近代化は、一七・一八世紀の絶対主義なり重商主義の時代であった。つづいて、第二の近代化は、一九・二〇世紀の資本主義社会の到来、帝国主義の時代であった。そして、いままさに、第三の近代化、つまりテクノ＝エコノミー体制の到来というシェーマとしてえがかれている。ところで、トゥレーヌ（Alain Touraine, 1925–）にしたがえば、ポスト・産業社会とはプログラム社会であるという。また、彼はその社会をテクノクラシー社会であると指摘した。(25)さらに、ベル（Daniel Bell, 1919–2011）は、「脱工業化社会は、同時に共同体的な社会である。この社会においては、社会の構成単位はむしろ共同体の組織であって、個人ではない。そこでは種々の決定は市場を通して行なわれるのではなく、むしろ、政治的経済的、その他さまざまのグループ相互間の話し合いといった形の政治によって行なわれる[26]」、とのべている。

前近代社会と対比した意味での現代社会を資本主義社会（産業社会）ととらえた場合、その社会のもつ特色としては以下の諸点があげられよう。

①経済成長と生活水準の向上が目的である。

②インフレーションは経済成長と完全雇用との必然的結果である。

③資本主義社会において、経済は国家の規制や計画化、指導により発展する。

④目的合理性と生産性をあげていくために、官僚機構が発展する。

資本主義社会にあって、国家主導による経済の拡張と、国家管理社会が出現してきたのである。国家主導により経済の発展をめざしていくのであれば、中央集権化が論理必然的に帰結してくる。経済成長が成し遂げられ豊かな社会になれば、社会的資源の配分をおこなうことを通して国家による社会の管理化が推進されてくる。資本主義社会の結果、新中央集権化が顕著になってきたわけである。そして、これらのことによって、

①すべての問題を個人ではなく団体間で解決していこうとするネオ・コーポラティズム論の台頭。

②労働の疎外現象。

③市場原理・競争原理による道徳性・連帯性の喪失現象、などのあらたな政治的社会的現象を生み出すことになったのである。つまり、①については個人の政治的有効感覚の喪失という政治的疎外感、②については経済的疎外感、③については社会的疎外感、をひとびとがもちはじめているのである。

それでは、これらの問題をどのように解決すればよいのであろうか。第一に、政治的疎外感の治癒策としては、分権化・地方政府の強化が必要となる。これにより、市民の政治参加を促進し政治的有効感覚を充たすことが実現できるであろう。第二に、経済的疎外感の治癒策としては、シティズンシップ論（本書13人権参照）の再生が必要である。生産に従事するものはあらたな面で人権抑圧に直面する例が多くでてきている。たとえば、過労死やサービス残業、企業のリストラに伴う人員整理、などである。労働条件の厳守や雇用の確保などを労働権・生存権として積極的にこれをみとめ、産業従事者の生活権の確保にあたらなければならないのである。また、ナショナル・ミニマムの確立もはかられなければならないであろう。第三に、社会的疎外感の治癒策としては、市民意識・公共意識の覚醒が必要である。つまり、結果としての平等（本書12平等参照）に甘んじていたひとびとも、経済の低成長のもといままでのような社会サービスを享受できなくなってきた。しかし、既得の社会サービスの受給を求めていくのであれば、当然負担と受益の考え方が再認識されてくる。このことをとおして、自己と社会、自己と国家、個々人間の相互扶助などをひとびとはいま一度認識し直すであろう。その結果として、パブリックな考え方が叢生してくることであろう。また、コミュニティーの再生として近隣社会（生活圏）の連帯感を強化していかねばならない。第四として、議会システムの機能化である。つまり、オンブズマン制度の導入、法制局の充実、議員定数の是正などにより、行政監視システムを充実させていくのも必要であろう。第五として、国民の政治へのアクセス権の確保である。情報公開法の制定と国民投票制度の導入により、政治の活性化をはかる必要がある。以上のような現行制度の矯正をおこなうことで、現代にひそむ政治社会の限界性を払拭していくことができるであろう。原石にさらに磨きをかけていくことで、人権や政治参加の保障という輝きをはなちつづけていくことができるものと思われる。

（1）デュヴェルジェ（深瀬忠一・樋口陽一訳）『社会科学の諸方法』（勁草書房、一九八四年）二〇頁。
（2）同上二〇―二四頁。
（3）ルークス（松井清・久保田芳広訳）「方法論的個人主義の再検討」『社会学理論と哲学的分析』（弘文堂、一九七六年）一二一頁。
（4）同上一二一―一二四頁。
（5）シャンド『自由市場の道徳性』四二頁。
（6）ヴェーバー（林道義訳）『理解社会学のカテゴリー』（岩波文庫、一九七九年）三三頁。
（7）ヴェーバー『社会学の基礎概念』二一頁。
（8）デュルケーム『社会学と哲学』三八頁。
（9）同上八四頁。

(10)　デュルケーム（宮島喬訳）『社会学的方法の規準』（岩波書店、一九九七年）二〇七―二〇八頁。
(11)　デュルケーム『社会学と哲学』三八頁。
(12)　デュルケーム（田原音和訳）『社会分業論』（青木書店、一九八四年）二六九頁。
(13)　ギュルヴィッチ（寿里茂訳）『社会学の現代的課題』（青木書店、一九八四年）三三頁。
(14)　ヘラー『国家学』一一七頁。
(15)　同上一五七頁。
(16)　フランクフルト社会研究所編（山本鎮雄訳）『現代社会学の諸相』（恒星社厚生閣、一九八五年）四八頁。ところで、オークショットは市民状態は人間行為という理念型によって理解されるものとしたうえで、「人間行為とは自由な主体の行為に他ならないということ、自由な主体は、数多の慣行がもたらす諸々の条件や制約に服しながら、自らの視野に入るその時々の諸状況に対応することによって、また前以て考えられた所期の目的を満足させるべく――その成否は他の主体の対応次第である――様々な行動や発言を選び取ることのうちに、自己を開示し定立するということ」（野田裕久訳『市民状態とは何か』（木鐸社、一九九三年）一二―一三頁）とのべた。
(17)　マッキーバー（中久郎監訳）『コミュニティ』（ミネルヴァ書房、一九八一年）四六頁。
(18)　同上一〇一頁。
(19)　同上四六頁。
(20)　同上四七頁。
(21)　同上五七頁。
(22)　同上五五頁。
(23)　拙稿「バーカー理論における法的諸相」『法学論集』第四八号一―一七頁。
(24)　アロン『自由の論理』一四六頁。
(25)　トゥレーヌ（寿里茂・西川潤訳）『脱工業化の社会』（河出書房新社、一九七〇年）一一・四三頁。
(26)　ベル（林雄二郎訳）『資本主義の文化的矛盾（中）』（講談社学術文庫、一九七六年）一三二―一三三頁。

8 法

1 法と政治

法概念の歴史的な発展を素描するならば、〈古代ギリシャにおけるノモス（倫理）↓古代ローマにおける公法・私法二元論↓中世における神法↓近代における自然法↓現代における実定法実証主義〉と整理できるかもしれない。法的なるものの究明は、法哲学プロパーだけの課題ではない。政治的なるものの思惟は、法理論からの多大の影響を受けるなかから構成されてきた一面をもっている。法的なるものと政治的なるものとは、相反するものではない。それらは密接に関係している。法の問題の究明は、政治哲学にあっても重要な問題のひとつなのである。

そもそも法の理念と現実とを媒介するものは、政治である。政治は法を創造し、法を動かす究極的な力となる。(1) 両者の間には、論理的に相互牽引関係が存在する。また他方で、特定の状況にあっては両者間で極度の緊張関係を示す事態もでてくる。いずれにせよ、法はある政治的価値の具体化されたものと認識できるのである。[2] ヘラーは、「すべての政治権力は、その志すところに従って、国家機関によって定立され確保された法形態をとろうと努めるものである。……政治権力がこうした傾向を持たざるをえない所以は、近代国家の場合、法が、通常、永続的に自己の正当さを実証せんとするすべての政治権力の技術的ならびに精神的・倫理的に必要不可欠な現象形態をなすからに他ならないからである。法は、平均して、また長期的にわたって政治的行為を最も正確で実行可能な仕方で方向づけ秩序づけることができるものなので、すなわち、法は国家権力を組織し、行動化する行態の最も確実な計算と帰属を可能なものなので、政治的支配の技術的に最も完成した形態である[3]」、とみている。法が政治権力に依存するかぎりにおいて、政治の申し子といえるであろう。ところで、政治は流動的状態にある。それに対して、法は固定的状態にある。政治はかならず法的国家的秩序のなかで確定されなければならない[4]。政治は国家をとおして法に変化することで、その具体的なかつ拘束的な意味を具有してくるのである。このように、法と政治、法と国家のアポリアは政治哲学の研究にあって多大の関心をはらうべきテーマのひとつといえるものなのである。

本章では、自然法、法の社会的性格、法の支配、などについてとくに焦点をあてて検討する。

2 自然法

ミッタイス（Heinrich Mitteis, 1889-1952）は、実定法よりも高次の法が存在しなければならないという。それは、われわれの法意識、つまり法と不法に関する感情が実現されるところの正しい法である。それは、最高の意味における法である。それは、実定法の基準となるものであり、実定法の良心たるものである。それは諸規範の規範なのである。[5] 自然法は第一に、ひとびとが法の本質について考察をこころみた場合につねにあらわれてきた、超時間的かつ永遠的な理念の表出である。[6] 自然法は第二に、道徳の領域と法の領域とを媒介する機能をもつ。自然法は道徳的であり、かつ法的な両価値的な存在である。[7] ところで、自然法論が政治的に注目されたのは、一七―一八世紀の近代市民革命を導いた理論的な武器としてであった。自然法は、政治的な考えを表現するものでもあった。[8] それは、きわめてイデオロギー的な役割をはたしたのだった。[9] 政治哲学は自然法と関係が深いのである。

古代ギリシャにあっては、たとえばプラトンが『法律』において法による支配を理想型としてえがいた。この場合の法とは実定法ではなくて、倫理そのものであった。[10] 古代ローマでは、ローマ人民によって承認されたもののみが正確には法であるという考えが定着した。[11] ここにおいて、ローマ人民が法の唯一の真の源泉であるという原理が確定してくる。人民主権の萌芽もみられてくる。[12] 中世にあっては、自然法が基本的にはストア学派の産物であり、これをキリスト教が教義と現世の諸規範を架橋するためにもちいた。自然法は、神の意志に従って正当とされる万人のための法であった。[13] 教義の道具としての自然法は、聖書を手本としまたその中に法の淵源があった。[14] 近代にあっては、自然法理論が政治的な色彩をとくに強くもちはじめてくる。ホッブズによれば、自然法は自然状態では本来の法ではなくて、コモンウェルスが設立したのちに現実の法に転換してくるのである。市民法と自然法とは、相互に他を含むのである。市民法は成文化されているが、自然法は成文化されていない。自然法は理性によって発見された戒律または一般法則である。ホッブズによれば、自然法の内容は何人によっても容易に確認できるものなのである。ホッブズは、自然法の内容として以下の一九の原理にまとめている。

①各人は平和を獲得する望みが存在するかぎりそれにむかって努力すべきである。平和を求め、それに従うべきである。
②平和と自己防衛のために必要だと考えるかぎりで、すすんで権利を捨て去るべきである。
③正　義　結ばれた信約を履行すべきである。
④報　恩　恩恵をえた者はそれをあたえた者が後悔しないように努力すべきである。
⑤従　順　社交性をもつように努力すべきである。
⑥許　容　過去に罪を犯したものが後悔し許しをこうたならば、これを認めるべきである。

⑦復讐の禁止
⑧傲慢の禁止　他人を憎悪、軽視してはならない。
⑨自惚れの禁止　各人相互でみな平等であると認めるべきである。
⑩尊大の禁止
⑪衡　平　仲裁にあたっては平等に処理すべきである。
⑫共有物の平等な使用
⑬くじによる決定
⑭先占権の保証
⑮仲介者の安全の確保
⑯仲裁への服従
⑰利害関係者の訴訟への関与の禁止
⑱裁判官の公平
⑲証　人　裁判にあたって第三者の供述を信用すべきである。(15)

ホッブズは、自然法を永遠かつ不変であると考えていたのである。この自然法によって、平和が実現されるものと理解した。彼にとって、自然法は平和のための行動規範であった。そして、ホッブズにあっては、この自然法の格率に従った実定法、国家が想定されるのであった。

ロックは、自然状態を支配する自然法にひとびとは従わなければならないという。ひとびとは平等かつ独立である。何人も他人の生命、健康、自由、財産を侵害すべきではないことが、自然法の目的であり内容であった。(16) スピノザは、自然の権利及び自然の法則を各個物の本性の諸規則と解した。それは、あらゆるものに対しての最高の権利を有するところの神の力である。(17) このように、近代にあって展開した自然法論の特徴について、整理してみよう。第一に、人間が理性的被造物であるという見地にたつ。第二に、人間だけが権利を自然法に基づいて所有することができる。第三に、自然法は法の普遍性を主張する。第四に、人間は奴隷的な状態にはおかれない。第五に、自然法は圧政や抑圧を正当化しない。(18) 以上である。

自然法は近代の市民革命に息吹をあたえ、その後の民主体制、立憲国家、権力制限、基本権などの理論構成に多大の影響をあたえたのである。(19) 自然法は、正義なり絶対的超越的基準を求めるものである。(20) そして、それはある種の価値を法的または規範的な言葉で表現しようとしたものである。(21) 自然法は非歴史的であるとか、非合理的であるとかの批判があびせられる。しかし、自然法論のはたした政治的な役割はおおきいものがある。けっして、軽々に片付けてはならないといえるであろう。(22)

料金受取人払郵便

京都北支店
承　　認
2143

差出有効期限
2013年12月31日
まで〈切手不要〉

郵便はがき

6038789

414

京都市北区上賀茂岩ヶ垣内町71

法律文化社
読者カード係　行

ご購読ありがとうございます。今後の企画・読者ニーズの参考，および刊行物等のご案内に利用させていただきます。なお，ご記入いただいた情報のうち，個人情報に該当する項目は上記の目的以外には使用いたしません。

お名前（ふりがな）	年　齢
ご住所　　〒	
ご職業または学校名	
ご購読の新聞・雑誌名	
関心のある分野（複数回答可） 法律　政治　経済　経営　社会　福祉　歴史　哲学　教育	

愛読者カード

◆書　名

◆お買上げの書店名と所在地

◆本書ご購読の動機

□広告をみて（媒体名：　　　　　　　）　□書評をみて（媒体紙誌：　　　　　　　）
□小社のホームページをみて　□書店のホームページをみて
□出版案内・チラシをみて　□教科書として（学校名：　　　　　　　）
□店頭でみて　□知人の紹介　□その他（　　　　　　　）

◆本書についてのご感想

内容：□良い　□普通　□悪い　　価格：□高い　□普通　□安い

その他ご自由にお書きください。

◆今後どのような書籍をご希望ですか（著者・ジャンル・テーマなど）。

＊ご希望の方には図書目録送付や新刊・改訂情報などをお知らせするメールニュースの配信を行っています。

図書目録（希望する・希望しない）

メールニュース配信（希望する・希望しない）

〔メールアドレス：　　　　　　　　　　〕

3　多元的国家論における法的位相

法理論と政治理論との関係は密接である。法は、社会内での行為を規制する。政治は、秩序の背景にある理念に関係する。法を社会学的側面から把握する新思潮が、一九世紀後半から二〇世紀初頭にかけて登場してくる。つまり、自然法論的、社会契約論的法理論は形而上学的なものであって、実証的な観点から法を究明しなければならないという立場である。本書では政治的多元主義者であったラスキと法社会学の鼻祖とでもいうべきデュルケームの所説を検討したい。

従来、ラスキの国家論や自由論については比較的多く研究がされてきた。しかしながら、ラスキ理論における法的な諸相に関しては看過されてきた。そこで、ラスキの法理論を照射し、その要点急所をのべてみたい。政治的多元主義の思想段階（一九一四―一九三五年）におけるラスキは自然法に基づく法理論、社会契約に基づく法理論に疑問を呈する。ひとびとが同意しているから、法に服従しなければならないという理論的構成は理屈にあっている。しかし、社会契約の存在なり、自然状態における法の存在は仮構的なものである。ラスキは、法を社会心理的に認識しようとする。法は支配者側の命令を被支配者側が批准することで成り立つものである。すなわち、法が社会的な必要性を表出しているか、法はひとびとの求める正義を実現しているかどうか、法によってひとびとの権利が保護されるのか、などを判断基準として認証するものなのである。このように、法は国家が制定したからといってア・プリオリに有効性や実効性をもつのではないのである。法がひとびとの同意をえて、はじめて効力をもってくるのである。ラスキは、法の社会的・心理的把握をしているのである。正義を保障することができるものは、個々人の良心のみである。国家権力の前に個々人の良心が屈服しているならば、自己存在の否定となる。ラスキは、人間の尊厳と市民の判断をあるべき法の基本的な原理ととらえた。国家は法的な全能を有していないのであり、法も相対的な性質をもつものなのである。ラスキは、イギリス伝統主義的な個人主義を継承し、市民の個々の人格の発展を重視するのである。

階級国家論の思想段階（一九三六―一九四五年）におけるラスキは、法を支配階級の意思の表現と理解した。法は、社会の階級構造の維持を目的とするのである。ラスキは、マルクス主義的な方法論を援用して法の分析をしたのである。ラスキは、社会革命をめざしたのではなく、現行の支配者たちにむかって批判と警句を発したのである。ラスキは法を社会的に認識し、さらに自由や平等の理念を実現する手段として重視していたのである(23)。

ラスキにあっては、法はけっして国家が市民に対して一方的に強制するものではないと考えられていた。つまり、法はひとびとに承認され、法適合的な行動がとられることではじめて実効性をもつものである。したがって、国家は無条件的に法を定立できるのではないことをラスキの多元的国家論は教示しているのである。

4　法の社会学的究明

理論的法社会学の鼻祖としてヴェーバー、エールリッヒ（Eugen Ehrlich, 1862-1922）とならび称せられたのが、デュルケームであった。彼は、社会連帯の形態をみてとるにあたって、それを象徴しているものとして法を取り上げた。すなわち、A単純な分業＝機械的連帯＝抑圧的法、B複雑な分業＝有機的連帯＝復原法というモデルである。彼は、外的事実である法をとおして社会の構造を究明するのであった。法は、社会生活の組織化である。法には社会連帯の本質的なすべてが投影されているのである。しかし、デュルケームの議論は法を社会形態の把握の手段であるとともに、社会は法の淵源として考えられたことに注目しなければならないであろう。社会連帯そのものが規範内在的な性質をもつものとして位置付けられるのである。社会は、社会的事実と社会的拘束との特性をもっている。社会拘束の意味するのは、行動と思考の集合的諸様式は諸個人の外部に実在しているということである。社会拘束は、個人に対して強制的義務的に作用するのである。もし、ひとが逸脱的な行動におよべば、制裁という外的な圧力があらわれてくる。法はこのようなザインの世界に立脚するものなのである。デュルケームの法理論は、外在的法力論といえよう。つまり、法の効力や妥当性の根拠を法そのものではなく法以外の何かしらに求めているという意味でである。

デュルケームの法理論の構造は、第一に、社会学的な方法論を採用していることである。第二に、法認識論としては、法を社会の類型を見て取るにあたっての標識としていることである。法は社会とのかかわりによってのみ把握できるものなのである。第三に、法目的論としては、社会の統合を回復していくために法や道徳という規範を重視したのである。さらに、デュルケームの理論的貢献としては、第一に彼の法研究が法と社会との関連を明確にしたことである。これは、注釈学派の視点からはけっしてあきらかにされていなかったのである。第二に、法の具体的な分析方法としてのタイポロジーを導入したことである。社会の発展につれて法の形態も変遷していくことを指摘したことである。法を固定的、狭隘的なものとしてではなく、現実的、可変的なものとして把握したことである。デュルケームの考え方は、当時支配的であった注釈学派に対しての痛烈な批判たりえたのであった。このように、デュルケームによって社会における法という認識、また法の総体的な把握へのみちが開かれることとなったのである。[24]

5　法の支配

法は政治の具体化である一方で、逆に政治を規制する場合もある。法は政治に限界を画するために存在するのである。[25]憲法により政治制度が規定され、法律に従って行政がおこなわれる。これが、法の支配の原則である。近代以降、とくにフランスの憲法は社会契約思想の影響を強く受けた。デュヴェルジェにしたがえば、ルソー以降憲法は社会契約それ自体の純粋かつ単純な再生と考えられるようになった。近代以降の憲法は自由、平等、博愛の政治的理念を規範化したものである。したがって、憲法はかならず人民の一般意思の表現でなければならない。とすると、①憲法制定権力は人民に最終的に帰属する、②憲法からすべての権力や権能が派生する、③憲法の尊重はそこに保障された人権の尊重に他ならないという原則が確定する。[26] ここにおいて、法の政治権力に対しての優位が確保される。[27] 法治国家の成立である。法の支配は、政治権力者といえども法に従わなければならないことの政治的な要請であるし、それに違背することは断じて許されないということである。

法と政治との関係は、第一に法が政治に優位する場合と、第二に政治が法に優位する（政治が法の源泉である）場合とに区別して考察することができよう。一般的に、法と政治との関係については、際限のない循環論法に陥らざるをえないように思える。ところで、法が政治に優位する場合とは、主として政治体制の安定期においてみられる現象である。この段階にあっては、法適合的な行為が正当化されるのである。したがって、いかなる権力者であったとしても、いな権力者であるがゆえに法の規定するところに従うことになる。政治が法に優位する場合とは、一般的に政治体制の転換期や変動期においてみられる現象である。[28] たとえば、新体制の創生期には旧体制の法秩序の廃棄なり見直しがおこなわれる。これは、政治変動を推進した政治勢力主導のもとおこなわれるのがつねである。また、新体制の政治理念をもりこんだ新憲法が制定される必要がでてくる。憲法制定過程は政治的闘争や対立の側面をもつものである。政治体制の安定期といえども、法の支配の原則がゆるぎないものとして存在するのではない。たしかに、〈法の側からの政治権力に対して及ぼす作用〉がみられる。そして、その作用には、①法は政治権力を規制する、②法は政治権力を破壊させる、つまり政治権力が法を順法しないとき、法は政治権力の主張を無効とし、政治権力に抵抗するものに味方する、以上の二つの意味合いがこめられているのである。しかしながら、法秩序が整備されていたとしても、〈政治権力の側から法に対して及ぼす作用〉がみられるのである。そこでは、政治権力が、①法を創設する、②法を維持する、③法を歪曲する、④法を変遷させる、⑤法を棄損させる、ことが意味されてくるのである。

付言すれば、法により政治領域の権力的要素を排除することができると考えたのが、法の支配原理であった。本来、法の支配とは権力の恣意性を排除し、ひとびとの権利の制限・侵害を阻止すべく権力を規制するものであった。国家の最高法規である憲法によって国家の各機関に対してそれぞれ一定の権限がさだめられ、そしてその付与が明確化されている。憲法は国家の組織について規定することができたとしても、実際の問題として憲法によって権力を制限していくという点は信仰の対象としての意味合いしかもたぬものでもある。具体的には、憲法の変遷問題が典型的な例であろう。さらに、行政国家化が顕著になるにつれて、行政部主導のもと立案された法律により統制作用がみられているのが、問題といえよう。つまり、法の支配ではなく、法律による行政なり、法による支配が指摘できるのである。法律を支配の道具なり手段として活用し、統制の効率化をはかっているのが現代における問題点のひとつである。

如上のように、政治体制の変動期、つまり体制側と反体制側との抗争という局面にあって、体制側は反体制側を抑圧するために法を発動する。法は、体制側の政治的意思の表現であり、手段である。ところで、反体制側が体制側を一掃し政権を掌握したとき、旧体制の法秩序を全面的に否定するであろう。そして、新体制側の政治理念を反映した法体系を構築する。このように、法は政治の化成物といえよう。やがて、政治体制が安定化してくると、法は自己の安定性を確保することを志向する。法の安定性が確保されて、法の実効性が保障されてくる。また、政治権力の恣意を制限していく役割を法が担うことになる。法適合的であるかぎりで、政治権力は正当性をもちえる。しかし、問題は単純ではない。第一に、法そのものが恣意的になってしまう可能性が存在しているからである。また、第二に、合法性（的支配）を前面にだしたからといって、ただそれだけでひとびとからの正当性をかちえることができるほどことは単純ではないのである。さきに、ラスキの法理論で検討したように、ひとびとの支持、同意が法の効力の背後に存在しているのを看過してはならない。とすれば、法は必ず、①社会正義の実現、②人権の擁護、③個々人生活条件の整備、などの諸命題に合致していなければならないものだということになる。

（1） 尾高朝雄『法の究極に在るもの』（有斐閣、一九七四年）一一三頁。
（2） 原田鋼『政治学原論』二九八頁。

(3) ヘラー『国家学』三五〇頁。
(4) リッフェル（新井誠訳）『法哲学の古典的構想』（御茶の水書房、一九八一年）一二〇頁。
(5) ミッタイス（林毅訳）『自然法』（創文社、一九七三年）一〇頁。
(6) 同上五頁。
(7) ダントレーヴ（久保正幡訳）『自然法』（岩波書店、一九六二年）一八一頁。
(8) シュクラー（田中成明訳）『リーガリズム』（岩波書店、一九八一年）九八頁。
(9) 同上一三二頁。
(10) ダントレーヴ『前掲書』一三頁。
(11) プラトン（森進一他訳）『法律（上）（下）』（岩波文庫、一九九三年）参照。
(12) リンゼイ『現代民主主義国家』八三頁。
(13) ヴェーバー（世良晃志郎訳）『法社会学』（創文社、一九八四年）四八六頁。
(14) ウルマン（朝倉文市訳）『中世ヨーロッパの政治思想』（御茶の水書房、一九八三年）一五頁。
(15) ホッブズ『リヴァイアサン』八七―一〇六頁。
(16) ロック『市民政府論』一二頁。
(17) スピノザ『神学・政治論（下）』一六三―一六四頁。
(18) ノイマン『民主主義と権威主義国家』一三〇―一三一頁。
(19) ヘッフェ『政治的正義』八七頁。
(20) ダントレーヴ『前掲書』一四七頁。
(21) 同上一八二―一八三頁。
(22) バーカー（田中浩他訳）『近代自然法をめぐる二つの概念』（御茶の水書房、一九八八年）七二頁。
(23) 拙稿「ラスキの法理論」『法学研究年報』第一七号二五―六九頁。ちなみに、ドイツの観念哲学者カントは国家公民の法的属性として、法律的自由、公民的平等、公民的独立性をかかげている。つまり、ひとびとは同意をあたえた法律以外のどんな法律に対しても服しない。相手がこちらを拘束しうるのと同じくこちらも相手を法的に拘束する。自己の生存は他人の意志に依存させるのではなく、公共体の成員としての自己の固有の権利と力に依存させることである。

(24) 拙稿「デュルケームと法・覚書」佐々木交賢編『デュルケーム再考』(恒星社厚生閣、一九九六年)二四〇―二五六頁。

(25) シュクラー『前掲書』三六頁。

(26) デュヴェルジェ(時本義昭訳)『フランス憲法史』(みすず書房、一九九五年)四五―四八頁。

(27) ルーマン(六本佳平・村上淳一訳)『法社会学』(岩波書店、一九八六年)二七七頁。

(28) 尾高朝雄『前掲書』一三四―一三五頁。同著『法哲学概論』(日本評論社、一九五二年)三五八―三五九頁。

9 主権

主権概念は、多義的である。近代以降、主権概念をめぐってさまざな見解の対立があった。その意味で、主権はじつにポレミークな概念であったといえよう[1]。主権概念は、一般的に対内的主権と対外的主権とに区別される。前者は、国内にあって主権の帰属（点）がどこにあるのかを問題とする。後者は、対外的にナショナル・インタレストを表現している。また、抽象的主権と具体的主権とに区別して考えてみることもできるであろう。その場合、前者は、タテマエとしての形式的な主権者である。それは、目的論としての意味をもつ。後者は、ホンネとしての事実上の主権力の把握者を意味する。それは、実態論としての性格をもってくる。ヘラーは、主権の主体と担当者の分離を以下のようにのべている。つまり、「国家権力は主権的である。すなわち、それは、その領土内で、最高、排他的、不可抗的、自立的な権力である。したがって、国家主権は、最高にして排他的な領土秩序権力としての国家組織の主権を意味するのである。それに反して、人民主権ないし君主主権という言葉は、国家組織における主権の主体ではなく、主権の担当者を言い表わしているのである[2]」、と。主権の実態（「誰が真の意味での主権者であるのか？」）を把握するのは、難解なことである。主権の実態的な究明は、政治過程の分析や政治社会学的な考察にまで発展する可能性をひめている。この問題の解明には、かなりの困難がともなうであろう。ここでは、紙幅の関係もあり、また政治哲学の究明という目的から逸脱しかねないこととなる。そこで、さしあたって、政治哲学史上あらわれた主権概念を検討しておきたい。

1 政治哲学史上あらわれた主権論

古代ローマ帝国にあっては、天上に唯一の神が存在しているように地上にも唯一の支配者が存在すると考えられた。そして、ローマの皇帝権を一神教と結びつけた理論が登場していた。つまり、神の権力と権威により、皇帝が統治権をえていたのである。(3) 中世において特筆すべきことは、主権在民論が展開されていたことである。その理論では権力の淵源が人民に求められていたのである。人民の集会において選ばれたものが支配者の地位につくのであった。支配者は、人民から委託された権能以上のことを実施することはできず、また人民に対して責任を負うのであった。人民は支配者が暴政をおこなったと判断した際には、抵抗権を行使することができると考えられた。(4) ところで、明確な主権概念は、まず絶対主義国家においてあらわれた。それは、第一にローマ・カトリック教会や神聖ローマ帝国に対して民族国家の抗議概念であった。第二に、国家内での至高権・権威の確立をめざした。そして、その政治的な表現は絶対君主の主権であった。(5) ボダンは、『国家論六編』（一五七六年）において「主権者とは国家の絶対的かつ恒久的な権力である」[6]、と定義した。主権的君主は神にしか責を問われない。[7]主権は権能も責務も任期を限定されない。[8]権力を保持する資格は、終生にわたるものである。[9]君主はまさに神の似姿のようである。[10]ボダンは国家の絶対的にして永続的な権力の具体的な権能として、①立法権、[11]②外交権、[12]③官吏任命権、[13]④裁判権、[14]⑤恩赦権、[15]⑥貨幣鋳造権、[16]⑦課税権、[17]をあげた。君主はそれらの権力を総称した主権を掌握するのであった。

ホッブズもまた、コモンウェルスにおける主権者（君主）の諸権利について論じている。個々人の安全は自然法によってだけではえられない。ひとびとを保護しうる政治権力の樹立が必要となる。[18]ひとびとは安全の確保のため契約により、自己を統治する権利をただひとつの人格、つまりコモンウェルスに譲渡する。[19]コモンウェルスにおいて、主権は絶対的であるべきである。[20]主権者の職務は、ひとびとが契約によって定めた目的（ひとびとの安全の獲得）を実現すべく義務づけられている。[21]彼によれば、①ひとびとは契約によって全権を主権者に委譲したのであるから、主権者は臣民の統治形態の変更を求める動きを認めない、②主権は信約破棄によって喪失されない、③主権の設立に対しての抗議は不法行為となる、④主権者の行為を臣民が非難するのは不当である、⑤主権者の行為は臣民によって処罰されない、⑥主権者は臣民の平和と防衛に必要な事柄の判定者である、⑦主権者は規則制定権をもつ、⑧主権者は司法権をもつ、⑨主権者は宣戦講和権をもつ、⑩主権者は官吏任命権をもつ、⑪主権者は報償授与権・処罰権をもつ、⑫主権者は栄誉授与権をもつ、のである。ボダンは君主主権の淵源を神に求めるのではなかった。しかし、君主主権の起源を人民に求めるのでもなかった。ホッブズは社会契約論の論理が君主主権の基礎付けのためにもちいられるという構成をとった。しかし、市民階級の政治的イデオロギーが、そこにこめられていたのである。

絶対主義の政治的イデオロギーの表現が、〝君主主権〟論であった。これに対して、市民階級の台頭がみられた。市民階級は、君主主権を否定し、〝国民主権〟論を展開した。ところで、この国民主権という考え方は、突如として派生してくるのではなかった。古代ローマの政治思想、中世の主権在民論などの影響が、おおきいものであった。ルソーによれば、国家設立の目的は公共の福祉であり、一般意思がこれをつかさどるのである。一般意思は公正であり、公益を志向している。一般意思は、共同の利益に基づく。一般意思は、各人の直接的な表出である。主権とは、一般意思の行使に他ならないのであって、譲渡不可能なものである。主権は、不分割でもある。人民の意思が結局、主権の行使となる。法は、一般意思により創設される。社会契約はひとびとの間に平等の関係をうちたてる結果、ひとびとは同じ条件のもとに義務を負い、また同じ権利を享有する。主権の行為はひとびとにひとしく義務を課し、利益をあたえることになる。フランス革命後、君主という人格に主権があたえられていたのが、国民という抽象的な人格に主権の帰属が移行した。総体としての国民が主権性を有することを主張することで、共和制が理論的に合理化されたり、人権の保証が確保されたことの意義はおおきいのである。

国家という人格が主権を保持すると主張したのが、〝国家主権〟論であった。ドイツの一般国家学者であったイェリネックによれば、主権とはそもそも政治的観念であってそれが法的な観念に凝縮されたのである[31]。したがって、主権は国家がその存在の正当性を求めた歴史的闘争によってのみ理解される[32]。主権とは、他の権力による国家の従属や制限を否定することを意味する。主権的国家権力はその上位にいかなる権力も認めない。それは、独立した権力であるとともに、最高の権力なのである[33]。主権は無拘束的なものであり、排他的な自己決定能力である。近代国家における主権は、二重の方向をもつ。消極的側面では、主権は自己の意思に反して法的に制限されえないのである。積極的側面では、主権は国家権力の支配意思に完全な拘束的内容を与える。主権的権力が無制限であるということは、自己の法秩序を変更するのを妨げないということである。主権は全能ではなく、自己が定立した法によって拘束されるのである[34]。イェリネックはここに、国家の自己拘束（国家の自己義務づけ）説を提出したのであった。

純粋法学者であったケルゼンは、法そのものに主権性を付与した（〝法主権〟論）。国家権力が主権的であるということは、国家的法秩序の通用が何らの上級規範から派生しないかぎり、国家はそのうえに何らの秩序をもたない最高秩序であることを意味する。主権は国家の固有性、つまり法の固有性である[35]。主権は、法体系の統一性と法認識の純粋性の表現となる[36]。ケルゼンは、国家を法体系秩序に解消してしまう「国家なき国家論」者であった。そこで、法主権を主張するのであった。シュミットは主権者とは例外状況に関して決定を下すものと定義した。つまり、紛争状況にあって、公共の利益、公共の安全、公共の秩序、公共の福祉などがどこに存するのかについて、決定を下すのである。[37] 主権の本質は強制や支配の専有としてではなく、決定の専有として規定されるべきものなのである。[38] 例外状況、つまり現行法規に規定されていない状況にあっては、この主権の存在が問題となってくる。事実上の最高権力と法的最高権力とが結合したものが、主権（の本質）となる。[39]

以上検証したように、政治哲学史上あらわれた主権論は、主権の帰属（点）がどこにあるのかを説明するためのものなのであった。そして、ある主権論は別の主権論から批判を受けるのである。この意味で、主権概念はポレミークなのである。主権論はきわめて強い政治的性格をもつのである。換言すれば、主権論は、政治的イデオロギー性を帯びたものなのである。具体的にのべれば、君主主権論は国民主権論によって攻撃された。第一・第二階級という旧支配層の政治的主張（君主主権論）が第三階級の主張（国民主権論）によって否定されるのである。つまり、君主に帰属していた主権が、総体としての国民（団体）に移譲したと考えられたのである。すなわち、これは〈社会契約説からする君主主権批判論〉といえよう。ところで、この国民主権論はやがて社会学者コント（Auguste Comte, 1798-1857）や社会連帯法学者デュギーにより攻撃された。すなわち、〈実証主義からする国民主権批判論〉である。コントは、国民主権説が形而上学的であると痛烈に批判する。彼に従えば、国民主権とは君主の専制から国民の専制に転化したものにすぎない。国民主権は旧体制を打倒し、国民を解放する権利を意味した。国民主権は、建設的であるよりも、破壊的であり否定的な性質を帯びていた。国民主権は偽制である。君主主権が誤謬であり、欺瞞であるとすれば、国民主権もまた同様なものである。コントは形而上学的な概念として、権利観念とともに国民主権観念をも否定するのであった。さらに、デュギーもまた、国民主権を否認する。つまり、国民という全体としての存在が主権を保持するのは理論的に矛盾している。また、抽象でかつ数量的に莫大なひとびとを総称する〝国民〟が主権を行使することは、実際には不可能である。今日では実証主義が支配的であり、形而上学的な性格をもつ国民主権論は容認しがたいのであった。さらに、時代の進展につれて、主権観念は消滅していくであろうことを、デュギーは主張するのであった。つまり、〈君主主権→国民主権→国家主権→主権の消滅〉という理解を示したのである（主権否認論）。また、彼は社会連帯が最高の価値をもつものと考えた。このひとびとによる社会連帯から法が派生し、その法により支配者が義務づけられるのであれば、国家主権という考え方も否定されるのである。ある意味で、デュギーは社会連帯そのものに主権性を求めようとしたと解釈できるかもしれない[40]。

ドイツにおいて高揚された国家主権論もアングロ・サクソン系の社会団体的主権論者たちにより攻撃されてくるのであった。すなわち、これが〈政治的多元主義からする国家主権批判論〉なのである。ラスキは、主権は国家だけの独占物ではないとする。労働組合や産業団体、教会などそれぞれが組織をもち権威と団体自主権をもつのである。ラスキは、国家も社会集団の一種であるととらえた。国家は諸集団と並存関係にある。ラスキは、国家が主権を独占しているのではなく、団体に主権が分散しているものとみた。主権的団体を認めることで、国家の主権性を相対化するのであった。ところで、先にみたデュギーも広い意味での政治的多元主義者として位置付けられる。そして、彼は国家主権論を権力国家論であるとして否定した。国家は社会連帯から派生した法に従わなければならないのであるから、主権的ではない、と彼は考えた。国家から主権という権力的要素を排除し、公共サービスをはたすべきことを主張したのだった。[41]国家主権論は、一般国家学により定立されたものであった。ところで、一般国家学のうち法学的側面をさらに純化させたのが、法主権論であったといえよう。法主権論は、一般国家学における政治的社会的側面を批判する。国家は、法の段階構造そのものにほかならないとした。そして、この法の体形そのものに主権性を付与するのであった。これは、〈純粋法学によるノモス主権の純化〉といえよう。

このように、主権概念は論争的な概念であったことがわかる。主権概念はそのときどきの政治勢力の主義・主張を現出したものとして登場し、作動してきたととらえられるであろう。それは、きわめてつよいイデオロギー的な性質をもつものなのである。

2 政治的価値原理としての国民主権説

現在ではほとんどの国々で、国民主権原理が採用されている。これは、近代市民革命によって獲得された共和制や社会契約論の思想的な系譜につながるものである。わが国にあっても、憲法の前文において国民主権主義と基本的人権主義、そして国際協調主義が三大価値原理としてうたわれている。憲法において、国民が政治の主人公であるのをたからかにうたわれていたとしても、はたして現実はその通りなのであろうか。実際の問題として、国民は政策決定過程より疎外されてしまっている。政治権力はつねに少数の支配者により掌握されており、多数者である国民はたえず服従するのみである（少数支配の原則）。タテマエとしては国民が主権者の地位（主体）にあるが、ホンネの部分では国民は統治される立場（客体）にある。結局のところ、国民主権原理は、国民が政治の主人公でなければならないという当為命題なのである。詳論すれば、国民主権原理は、①国民に政治／正当性の淵源が求められていることの表現でしかすぎないこと、②国民主権とは具体的ではなく全体としての国民に主権が帰属するという抽象的な概念であること、③国民主権力の発動（憲法制定／改正権力）は非日常的なものであり、日常的には特別な意味をもたないものとなっていること、などを表現する原理として理解できるかもしれない。とすれば、国民主権とは、国民が政治権力を保持することのできないことの逆説的な命題といえるであろう[42]。

しかしながら、国民が主権者であり、まがりなりにも国民が政治の主体として期待され、そのことが想定されている事実がある。国民の意思によって政治がおこなわれなければならないのであれば、消極的受動的なレベルにとどまることなく、①国民主権の日常性的発動とその活性化、②基本的人権の保障と拡大化、などを通して、積極的能動的に主権が行使されていくことが必要となってこよう。このように、国民主権原理の理念型論や目的論の範疇から脱して、プラグマティックな面への論理転換がはかられるべきであろう。いまこそ、国民主権原理の再構成と機能化が求められてくるのである。①国民主権の日常性的発動についていえば、住民投票、住民発案、市民運動、情報公開制度、選挙の公平・平等化、地方政府の重視（自治体主義）、などが、国民主権の日常的な発動の具体的な例として考えられる。国民が身の回りで起こるさまざまな問題の解決のため、政治や行政に直接にアクセスしやすい参加システムの拡充が今後とも重要な課題となってこよう。[43] ②基本的人権の保障について付言してみよう。国民主権とは、たしかに全体としての国民に主権が帰属する原理である。しかしその一方では、個々人の自立や自主性を最大限尊重すべきことを含んだ原理でもある。個々人の政治的社会的立場の強化は、基本的人権の保障と密接に結びつくものなのである。とすれば、国民主権は取りも直さず基本的人権の確立と保障を求める原理なのである。さらに、今後あらたに必要とされてくる人権も容認されていくことが大切である（本書13人権参照）。また、もし圧制により基本的人権が蹂躙された場合には、おのずと抵抗権なり、政治的不服従なりの論理が嚮導されてくることも確認されなければならないのである（本書5抵抗と不服従参照）。

3　小括

ジャック・マリタンは、「政治哲学は主権という用語および観念を捨て去らなければならないというのが、わたくしの主張である。この理論は、主権が時代おくれの概念だからではなく、客観的法についての法社会学的理論に基づいてでもなく、また、主権という概念が国際法分野でやっかいきわまる問題や理論的紛糾を生むということだけによるのである。その理由は、むしろ、この概念の真正な意味およびそれが所属する本来の学問分野——政治哲学——のパースペクティヴにおいて考察するとき、この概念は本質的に誤っているからであり、したがって、もしわれわれがこの概念を……使用し続けるならば、われわれはどうしても誤解に導かれることになるからである(44)」、とのべ、主権概念の理論的な限界を指摘した。ラスキもまた、「もしすべての主権概念が放棄されたなら、政治学にとって永続的な恩恵であろう(45)」、としてマリタンと同一の立場をとるのであった。

主権という分析概念によって、政治の実体を把握することは困難である。したがって、現代政治学は形式的な主権概念ではなく機能的・実態的な政治権力概念の分析を重視する方向にすすんでいった。また、政治的統合を志向する政治的概念としての主権も、かつてほどの強力な求心力をもちえなくなっているのも事実である。さらに、国際政治の舞台でも多国間の条約や国際世論により国家の主権（性）が制約を受けることもしばしばみうけられる。このように、本来最高性、絶対性をその属性としていた主権概念は、いまや論理的な矛盾を露呈するにいたっている。政治哲学史上あらわれた主権概念をながめてみると、それぞれの主権論は自己の絶対性をたえず主張し、表現してきた。しかしながら、そのような絶対的で、また永遠かつ普遍的な主権概念はかつてひとつとして存在しえなかったといえよう。今日において国民主権原理はある面で確固とした政治的原理であるかのようにみえる。しかし、その歴史的な背景、タテマエとホンネの矛盾などを考えるとその実効性、有効性は限定的なものでしかないのである。それだけに、われわれが主権者としての自覚と責任とまた人権の尊重をこころがけないかぎり、国民主権原理はただの政治的宣言におわってしまいかねないであろう。また、国民主権を前提としながらも独裁政治や全体主義の台頭を許しかねない危険性を内包するものなのである。

主権概念は、歴史変遷的かつ価値相対的なものであった。現実に、主権論の理論的有効性は過去に比べたときにたしかに喪失しつつある。しかしながら、政治哲学の原理的考察をおこなうにあたって、政治的イデオロギーの端的な表現である主権理論を分析することはけっして無意味なことではないといえるのである。

（1）　ダントレーヴ『自然法』九九頁。
（2）　ヘラー『国家学』三五五頁。

（3）ウルマン『中世ヨーロッパの政治思想』二八・三一頁。
（4）同上四―五頁。
（5）リンゼイ『現代民主主義国家』一〇一・二〇五頁。
（6）Bodin, J., *Les six livres de la république*, 1583, Scientia AAlen, 1961, p. 122.
（7）*Ibid.*, p. 125.
（8）*Ibid.*, p. 124.
（9）*Ibid.*, p. 126.
（10）*Ibid.*, p. 161.
（11）*Ibid.*, p. 221.
（12）*Ibid.*, p. 224.
（13）*Ibid.*, p. 228.
（14）*Ibid.*, pp. 233–234.
（15）*Ibid.*, p. 236.
（16）*Ibid.*, p. 242.
（17）*Ibid.*, p. 244.
（18）ホッブズ『リヴァイアサン』一一二頁。
（19）同上一一五頁。
（20）同上一三九頁。
（21）同上一二〇頁。
（22）同上一一六―一二一頁。
（23）中村哲『主権』（日本評論社、一九五二年）三三頁。
（24）ルソー『社会契約論』四一頁。

(25) 同上四六頁。
(26) 同上五一頁。
(27) 同上四七頁。
(28) 同上四一頁。
(29) 同上四三頁。
(30) 同上五一頁。
(31) イェリネック『一般国家学』三五五頁。
(32) 同上三六七頁。
(33) 同上三七九頁。
(34) 同上三八二―三八三頁。
(35) ケルゼン『一般国家学』一七〇―一七一頁。
(36) 同上一八二頁。
(37) シュミット『政治神学』一一―一二頁。
(38) 同上二一頁。
(39) 同上二六頁。
(40) 拙著『フランスの社会連帯主義』一九九―二二〇頁。
(41) 同上一―四一頁。
(42) 原田鋼『政治権力の実体』三七―三八頁。
(43) 拙著『政治学原論序説』八〇―八一頁。
(44) マリタン『人間と国家』四〇頁。
(45) ラスキ(日高明三・横越英一訳)『政治学大綱(上)』(法政大学出版局、一九八一年)七九頁。

10 体制

1 国家論と政治体制論

一六世紀に国家概念が提起された。この点については、本書「6国家」において検討した。ところで、歴史の舞台に登場した国家は、民族国家であった。一民族が統合した状態、国内統一した状態が国家であって、「一民族一国家」がモデルとされた。しかし、実際には、一民族一国家は例外的であり、実際には希有な存在といえる。そこで、政治体制という記述的かつ類型的概念が注目されてくる。

国家を研究対象とする専攻分野として、国家学（論）、国法学がある。国家を分析するに際して、二つの系譜がある。第一には、State としての国家論がある。第二には、Government としての国家論である。一般的に、前者は主として、ヨーロッパにおいて展開した。つまり、ヨーロッパの歴史は侵略の繰り返しである。それだけに、民族、領土、主権などに最大の関心が注がれた。そこには、国家概念がおのずと取り上げられる背景があった。たとえば、G・イエリネックの『一般国家学』(一九〇〇年)にあっては、国家の歴史的な分析とその類型化〈古代オリエント国家/ヘレニズム時代の国家/ローマ国家/中世国家/近代国家〉[1]、国家形態論〈君主制/共和制〉[2]がみられる。これに対して、後者は、アングロ=サクソン系の国家論といえよう。侵略の経験がほとんどないか、その懸念が認められない場合には、国家概念を直接意識することはない。たとえば、理論的にはイーストン(David Easton, 1917-)やアーモンド(Gabriel Almond, 1911-2002)らの政治システム論などである。

プラトン=アリストテレスからはじまり中世期のアキナス、近代マキャベリ、モンテスキュー(Charles-Louis de Secondat Montesquieu, 1689-1755)をへて現代にいたるまで、君主制、貴族制、民主制という体制類型論が取りざたされてきた。政治史をふりかえると、第二次世界大戦までは、世界の主要国はほとんど君主制であった。したがって、国家の類型もいたってシンプルなもので、〈君主国と共和国〉との二分法であった。たとえば、大日本帝国体制にあって天皇主権学派である穂積八束(1860-1912)や上杉慎吉(1876-1929)は、国家を共和国と君主国とに分類している。さらに、特殊日本的といってよいが、彼らは国体論と政体論との区別を提示する。国体とは、「国家ハ主権ヲ具有ス、而シテ国家組織ニ於ケル主権存立ノ態様ハ一ナラス、此ノ態様ノ異同ヲ指シテ国体ノ別ト謂フ、国体ハ主権ノ所在ニ由リテ分カルナリ」[3]であり、「国体ハ歴史ノ成果ニシテ国民ノ確信ニ由リテ定マルト謂フ、万世一系ノ皇位ヲ以テ統治主権ノ所在トスルノ我国体ハ亦千古ノ歴史ノ成果ニシテ民族一致ノ確信ノ基礎ニ存立スルカ如キナリ[4]」と規定される。また、「按スルニ、国体ハ、如何ナル自然意思ヲ以テ国ノ主権ト観ルカノ問題ナリ。此ノ問題ハ歴史ニ由リテ凝結セル民族ノ確信ノ答フル所ナリ。国体ハ民族ノ確信ノ結晶ナリ[5]」、「国体ハ其ノ類ヲ列挙シ且ツ其ノ分界ヲ明画スルコト難シ[6]」、とされる。さらに、政体とは、「政体ハ統治権行動ノ形式ナリ。統治権行動ノ形式ハ国家統治権其ノ者ノ所在ヲ動カスコトナクシテ能ク変遷ス[7]」と理解された。これに対して、立憲主義学派として知られた美濃部達吉（1873-1948）は、『憲法撮要』にあって、国体と政体の区別は無意味であるとした。美濃部は、政体を「国家ノ機関ノ組織ハ国ニ依リ異ナルヲ以テ国ニ政体ノ種類ヲ生ズ。政体トハ統治組織ノ意ニシテ、政体ノ種類トハ統治組織ノ種類ニ外ナラズ。国ノ統治組織ハ各国ノ国法ニ依リ一様ナラズト雖モ、近代ノ国家ニ付観察スルトキハ、国家ハ先ヅ統一制ノ国家ト連邦制ノ国家トニ区別スルコトヲ要シ、而シテ統一制ノ国家ニハ更ニ君主政及共和政ノ二種ノ政体ヲ区別スルコトヲ得[8]」と説明している。このように、国体という民族、歴史、伝統を包含する非法学的な概念を重視する立場と政体という体制、制度を特化して扱う純粋法学的なポジションの相違がみられる。

二〇世紀の世界情勢の変化に即応して政治体制は、〈君主制度―共和制度〉、〈全体主義体制―自由主義体制―共産主義体制〉、〈自由主義的民主主義体制―社会主義体制〉、〈民主主義体制（先進国／多数党制）―民主主義体制（発展途上国／単一政党制）〉などと比較分類されてきた。ちなみに、近代以降、政治の趨勢は共和主義であり、民主主義である。二〇世紀前半まで多数存続していた君主制度は衰退していく。しかしながら、君主制度がかならずしも権威主義や独裁主義に陥るとの法則は確立されず、むしろ自由主義や民主主義との融合を志向する傾向も指摘できよう。つまり、〈絶対君主政→制限君主政→議会主義的君主政〉として、君主制度は展開してきた。この点は、注視すべき点である。

2 政治体制

政治体制（political regime）を取り上げよう。デュヴェルジェは、「政治体制という用語は、人間の社会の特殊なタイプの統治構造、すなわち、国家にのみ適用される。……国家は、あらゆる社会集団の統治組織がもっとも完成した時に達する段階である[9]」、と説明している。そのうえで、政治体制を統治構造を基準として三つに分けている。

a　単一支配的体制は、「一個の人間――国王、独裁者、皇帝、大統領、摂政等――がただ彼のみでいわゆる政府を構成する。」

b　執政官的体制は、「小グループの人間に統治を委ねることにある。」

c　二元的体制は、「独立の国家元首に対する集合的機関、つまり閣議が見出だされる。そのメンバーは一般に議会の多数派の中から――彼らは議会との関係を確保する――国家元首によって指名される[10]。」

んでいる。

カール・レーヴェンシュタイン（Karl Loewenstein, 1891-1973）は、以下のような体制分類に及

A　専制主義は、「政策決定権と政策執行権とを自己の手中に収めるのみならず、なんら有効な統制をも加えられない単一の権力保持者が存在する。[11]」

a　権威主義体制　「単一の権力保持者――それは個人または独裁者、議会、フンタ、政党でありうる――が政治権力を独占し、国家意思の形成にあたって権力名宛人の効果的な参加を許容しないような政治組織を特徴づけるものである。[12]」

b　全体主義体制　「権力名宛人の私生活、内面的世界や慣行をも支配イデオロギーの鋳型に流し入れ、固めてしまおうと企て、自発的にこのイデオロギーに適応しないものに対しては、権力過程のさまざまな補助手段を動員してこれを強制するのである。かくして国家公認のイデオロギーは、国家社会のすみずみにまで浸透する。[13]」

B　立憲主義は、「独立した若干の権力保持者が共存し、国家意思の形成に協力する政治体系である。政策の決定、その執行、そしてその統制におけるこれら権力保持者間の相互作用や協力の特殊な構成――それによって国家意思は形成される――、これらが、さまざまな立憲主義の統治類型を本質的に特徴づける。[14]」

c　立憲主義的政治秩序　「一九世紀を通じて正統主義的立憲君主についても、それが立憲主義国家という性格をもっていた。[15]」

d　立憲民主主義的政治秩序　「権力名宛人大衆が、有権者として政党に組織され、普通選挙権にもとづく公正な選挙を通じて統治過程に参与し、独立の固有な権力保持者の地位にまでのぼる[16]。」

ウィーアルダー（Howard Wiarda）によれば、全体主義と権威主義の体制の相違点としては、以下のとおりである。

全体主義体制とは、「（1）全包括的な公認イデオロギー。このイデオロギーは全存在物のあらゆる側面を網羅しており、当該社会で生活する者は誰であれ、このイデオロギーを忠実に信奉しなければならない。（2）単一の大衆政党。この政党は一般にひとりの人物が指導し、統治機関と不可分に結びつけられ、あらゆる政治活動を独占している。（3）近代的な拷問技術や監視技術を用い、テロリズムを信奉する警察統制網。（4）党か独裁者による、一切のマスコミュニケーション手段（新聞・雑誌、ラジオ、テレビ、映画など）に対する技術的独占と統制。（5）同じく党か独裁者による、一切の武力闘争手段に対する技術的独占と統制。（6）経済全体に対する中央からの管理と指導。こうした管理と指導は、以前は独立していた利益集団をすべて官僚機構によって統制的に調和させることによって行なわれる[17]。」

権威主義体制とは、「（1）本格的なイデオロギーというよりは、むしろメンタリティー（伝統的なカトリシズム、規律、秩序）。（2）単一政党。ただし、徹底的な政治動員は意図されない。（3）不明確だが多くの場合は予測可能な範囲内で活動する指導層。（4）限定的な多元主義

（教会、軍部）。それゆえ、すべての集団が全面的に統制されることはない。（5）独裁制。ただし、生活のあらゆる側面（文化や社会など）が全面的に統制されることはない。（6）民衆を抑制する方法としての無関心。これは民衆教化とは異質の抑制方法である。[18]」としている。

サルトーリ（Giovanni Sartori, 1924-）は民主主義における政治制度を、大統領制度、議院内閣制度、半大統領制度に類型化する。

A　大統領制度は、「国家元首（＝大統領）が、（1）一般選挙によって選出され、（2）……前もって定められた在職期間中は議会における投票によって免職され得ず、（3）……任命した政府の首班か、またはそれを指揮する場合、そしてその場合にのみ大統領制である。[19]」

B　議院内閣制度は、「議会と政府の間の権力の分離を認めていない。……すべて立法——執行権の共有に基づいている。……すべて、議会投票によって政府が任命され、支持され、また場合によっては、罷免されることを要請することもできるシステムである。[20]」

C　大統領制度の膠着さを克服すべく考えられたのが、半大統領制度である。大統領制度と議院内閣制度の混合システム「（1）国の元首（大統領）が、国民一般による選挙によって——直接的あるいは間接的に——一定の任期について選出される。（2）国の元首は執行権を首相と共有し、このようにして二元的な権威構造に参加する。（3）大統領は議会から独立しているが、単独で、あるいは直接に統治を行う権限は与えられておらず、したがって大統領の意思は政府を通じて伝達され、処理されなければならない。（4）逆に首相とその内閣は、議会に依存しているという点で、大統領から独立している。首相と内閣は議会の信任あるいは不信任（あるいはその両方に）従い、どちらの場合も議会の過半数の支持を必要とする。（5）半大統領制の二元的な権威構造は、執行府の要素単位の自治の潜在性が存続するという厳格な条件のもと、執行府内の権力の異なる均衡状態、またその流行の変遷をも受け入れる。[21]」政治体制に関しては、政治的価値を基準として、またそれを反映した分類がスタンダードとなっている。

3 政治システム

アメリカ政治学にあって発展してきたのが政治体系論である。政治システム（political system）とは、政治社会の公的制御にかかわる組織複合体である。政治システムは環境からのインプットと価値の権威的配分である政策の出力との関係性から、説明するところに特長がある。

アーモンドは、「われわれが、或る政治システムとよぶところのものを述べるのに、古い研究業績では政府、国民、ないしは国家というような用語が用いられた」「古い用語は——国家、政府、国民——は、法的ないし制度的な意味に限定される[22]」、との基本的な認識を示す。彼は、「国家とは、制度的な特殊性、権威性、および正当性を意味する。政府とは、公的・法的・制度的な意味合いを僅かに異なって持っている。国民とは、市民が歴史的な一体性と宿命の感覚を共有するところのひとつの政治システムなのである」、とし、つづけて、「政治システムという概念は、或る社会内における政治活動の全体的な領域に注目が向けられる[23]」のであり、「政治システムは、立法府、裁判所、および行政機関のような統治制度のみでなく、それらの政治的側面におけるあらゆる構造を包含する。これらの中には、血族関係の結合やカースト集団のような伝統的構造暴動のような社会的無秩序現象、および政党、利益集団、それにコミュニケーション・メディアのような非政府組織がある[24]」などと説明している。国家や政治体制に代替すべき分析的かつ記述的概念として利用される。

4　政治制度・機構・組織

政治体制の政治理念（自由主義、民主主義、立憲主義など）を具体的に実現するために設営されたのが、政治制度（political institution）である。ひろくは、大統領制度、君主制度、議院内閣制度などとして類型化できる。

政治体制の政治的理念を具体化すべく創設・設置された統治に関する諸機関が、政治機構（political mechanism）である。これらは、憲法上明確に規定される。とくに、近代以降、議会制を中核として諸機構が展開する。

政治機構に関与することによって、政策を決定、施行したり、あるいは影響（力）を行使しあう諸集団が、政治組織（political organization）である。実際の政治を動かしていく集団であって、政治過程におけるアクターとして位置付けられる。

5 政治構造

図9・政治構造からも理解できるように、《国家＝政治体制（大統領制度、君主制度、議院内閣制度など）＝政治機構（元首・君主・中央政府・立法機関・行政機関・司法機関・地方政府・軍隊など）＝政治組織（政党・利益団体・労働組合・マスコミ・エリート・有権者・教会など）》という複合的な構成として、体制が成立、存在している。そして、政治構造内にあっては、ダイナミックな運動原理が働いている。

A　体制内在化の運動原理〈支配・統制の強化、保守化、秩序化〉である。政治体制は、第一に安定性を保たなければならない。第二に、継続性をはからなければならない。第三に、正当性を確保しなければならない。第四に、もし体制変革を招くケースでは、民主的に移行していかなければならない。つまり、民衆の暴力的蜂起によって体制が揺らぐことなく、憲法適合的に、また民主的に移行していかなければならない。憲法の改正によって、体制の変革や政治制度の変更がなされなければならない。

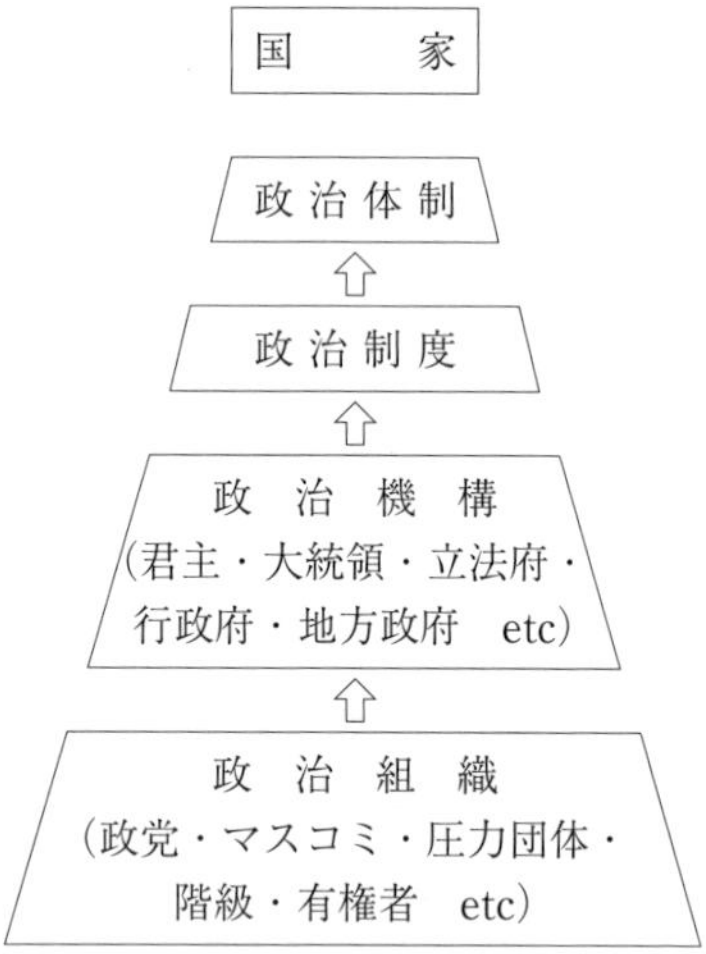

図９　政治構造

B　体制外在化の運動原理〈支配への抵抗、変革化、革命化〉である。政治指導者・政府が圧政をおこない、これに対する民衆の抵抗により政治体制の変革ないし革命をもたらす動きである。そもそも政治体制の主体である国民が運動の中心となるように考えられるが、必ずしもそれだけで体制が変革することはない。中間的政治エリート、野党、反体制指導者、軍部、友好国などが実質的な中核をしめることが少なくはない。

C　体制均衡回復化の運動原理〈旧秩序の正当化、復古化〉である。政治体制が動揺したり、あるいは一時的に政治体制が変革化するという政治的経験をへたのちに、ふたたび政治体制が回復する動きである。革命の後の正統主義、王政復古、君民共同統治などのケースである。政治体制の変革については、（a）独裁主義、全体主義に対する民衆の蜂起。フィリピン革命（一九八六年）、エジプト民主化（二〇一一年）。（b）敗戦にともなう体制の変革。ドイツ、日本（一九四五年）。（c）政治体制、制度、機構の機能不全。旧ソ連・東欧諸国（一九八〇年代末—九〇年代初頭）などが代表的な例である。政治体制の変革は、民衆の支持を受けた政党（野党）指導者、革命運動指導者が、民衆から不信任をたたきつけられた政府首脳との協議によっておこなわれるケース、敗戦国が先勝国の占領と指導のもとで体制変革をはかるケース、赤裸々な暴力装置を有する軍隊の蜂起により体制変革が行使されるケースなどが想起されよう。

政治体制の変動にあたっては、体制内在的かつ体制外在的な手続きを経なければならない。つまり、体制内在的には国民主権の原理に立脚した憲法が制定されなければならないし、民主的な政治機構が創設されなければならない。また、基本的人権の尊重も必須条件となる。体制外在的には、新しい政治体制が諸外国から承認を受けなければならない（国家承認）。確認したいのは、大東亜戦争に敗れた日本は、一九四五年八月にポツダム宣言を受諾することによって、先勝国の占領下に入った。一般的にはこの段階で日本国は存続することはできず、被占領国となる。天皇ならびに日本政府は占領軍に「サブジェクト・トゥー」しているということからすれば、半主権国家状態であったといえようか。その後、一九五二年に国際連合への加盟と講和条約の締結によって、独立国として再生した。占領期間中は戦闘状態が一時期停止していただけであって、戦闘状態の終結は一九五二年であった。いずれにせよ、国際関係が緊密になり国際法上の承認が新国家や新政治体制成立には必要となってくる。

（1）イェリネック『一般国家学』一二三三頁以下。
（2）同上五四〇頁以下。

(3) 穂積八束『憲法提要（修正増補）』（有斐閣、一九一〇年）二九頁。
(4) 同上三九頁。
(5) 同上三九頁。
(6) 同上四一頁。
(7) 同上五五頁。
(8) 美濃部達吉『憲法撮要』（有斐閣、一九二六年）四九頁。
(9) デュヴェルジェ（田口富久治・田口英治訳）『政治体制』（白水社、一九六四年）一一頁。
(10) 同上三一―三七頁。
(11) レーヴェンシュタイン（阿部照哉・山川雄巳訳）『新訂　現代憲法論』（有信堂、一九八六年）六九頁。
(12) 同上七二頁。
(13) 同上七四頁。
(14) 同上六九頁。
(15) 同上九〇頁。
(16) 同上九〇頁。
(17) ウィーアルダー（大木啓介他訳）『入門比較政治学』（東信堂、二〇〇〇年）一四〇―一四一頁。
(18) 同上一四一頁。
(19) サルトーリ（岡沢憲芙監訳）『比較政治学』（早稲田大学出版部、二〇〇〇年）九四―九五頁。
(20) 同上一一四頁。
(21) 同上一五六―一五七頁。
(22) アーモンド／パウェル（本田弘・浦野起央監訳）『比較政治学』（時潮社、一九八六年）三頁。
(23) 同上四頁。
(24) 同上五―六頁。

《政治哲学者のプロフィール②》

コント（Auguste Comte, 1798–1857）
　社会学 sociologie の創始者であり、実証主義者であった。フランス革命が成功したのちにも政治社会が混迷するのはなぜか、という問題について彼は探究し、社会の再組織のプランを提示した。彼はまた、啓蒙思想家たちの考案した権利や人民主権の観念は形而上学的であると批判し、その無価値さを指摘した。この考え方は、二〇世紀初頭にデュギーの権利否認論という考え方に間接的に影響を及ぼすのであった。
　主　著　『社会再組織の科学的基礎』（飛沢謙一訳、岩波文庫、一九八五年）

ヘーゲル（George Wilhelm Friedrich Hegel, 1779–1831）
　ドイツの古典哲学、観念論の代表的哲学者である。彼の国家哲学は、『法哲学』（一八二〇年）においてあきらかにされている。とくに、家族、市民社会を止揚するものとして国家を高揚した。国家は自由の現実態であり、民族精神そのものであった。ヘーゲル思想はドイツ国内にとどまることなく、イギリスの後期理想主義者であるボサンケットに対しても多大な影響をあたえた。
　主　著　『政治論文集（上）・（下）』（金子武蔵訳、岩波文庫、一九八四年）

スペンサー（Heraert Spencer, 1820–1903）
　イギリス・ヴィクトリア朝期の代表的社会科学者。彼は、社会を個々人の相互関係であるとしつつも有機体としてとらえた。また、軍事型社会から産業型社会へという社会発展段階説を展開した。政府の役目は、個人の自然権を尊重することであった。彼は、自由放任主義を説き、社会政策や社会主義を否定した。しかし、経済・社会問題の深刻化の前に、スペンサー理論は無為無策を露呈した。現代社会学を基礎付けたデュルケームやホッブハウスらにより、その理論は批判され、超克されていった。

主　著　『第一原理』（沢田謙訳、春秋社、一九二七年）

バーカー（Sir Ernest Barker, 1874-1960）

イギリスを代表する政治哲学の泰斗であった。とくに、古代ギリシャ政治思想研究の第一人者であった。また、彼は政治的には多元的国家論の立場をとった。ラスキが階級国家論へと思想を変遷させたのに対して、バーカーは生涯その主義を堅持した。彼はまた、集団人格論や中世政治思想の研究にも従事した。

主　著　『政治学原理』（堀豊彦他訳、勁草書房、一九六九年）

ラスキ（Harold Joseph Laski, 1893-1950）

多元的国家論の主唱者であるとともに、イギリス労働党の中央執行委員長として実践面でも活躍した。彼の社会的なセンシビリティはするどく、多元的国家論から階級国家論、そして社会民主主義へと思想を変化させていった。その点で、きわめてプラグマティックであったといえよう。戦後の日本政治学界は、ある面でラスキ研究から出発したといっても過言ではないぐらい彼の影響は大きかった。

主　著　『近代国家における自由』（飯坂良明訳、岩波文庫、一九七四年）

Ⅲ　イデオロギー的なるもの

11　自由

自由（liaerty）とはどのような政治的概念なのであろうか。自由主義とはいかなるイデオロギーなのであろうか。自由とは拘束がないことと一義的に理解してしまってよいのであろうか。一般的にいって、自由なり自由主義について、ただひとつの教義が存在しているのではない(1)。とすれば、自由といわれるものにはどのようなバリエーションが認められるのであろうか。本章では、自由概念の整理をおこなってみたい。

1　自由概念の歴史的変遷

自由主義とは、古くはルネッサンスと宗教改革以降のブルジョア階級の成長を背景に形成されてきた反・権力主義的、反・権威主義的な心情と定義しておこう。ルネッサンス的な個人の自由と宗教改革における信教の自由に、近代自由主義の源流を求めることができよう。自由主義は人間を政治的経済的宗教的に束縛してきた封建的桎梏からの解放を要求した理論である。それは、一六世紀に宗教的自由としての寛容をテーマとして、その幕を切っておとした。一七・一八世紀には、市民的政治的自由が中心テーマとなった。そこにあっては、絶対的主権の制限、権力の制限、抵抗権の肯定などが主張された。一九世紀にあっては、自由主義は経済的な側面で著しい発展を見せた。つまり、自由放任社会での支配的イデオロギーとしての展開である。国家からの干渉を排除し、チープ・ガヴァメントを理想とした。自由放任政策は、個人の自由な経済活動を最大限に求め、国家の役割を最小限の機能に限定した。[2]

クランストン（Maurice Cranston, 1920–97）は、自由を「理性的自由」と「強制可能な理性的自由」とに分類した。前者は、束縛からの自由を意味した。それは、自己規律のなかに自由を見いだした。それは、個人主義に関係してくるのであった。後者は、自由の促進のために外的な強制力の行使を容認するものであった。それは、規律のなかに自由を見いだす。さらに、政治や社会倫理に関係してくるのであった。[3] クランストンの自由の二分類法に従いながら、政治哲学者たちの主張をながめておきたい。

理性的自由

ホッブズは自由を自己の強さと知力によって、自己の意思をおこなうのを妨げられないこととした。[4] ロックは、自由を同意によって国家内に定立された立法権以外の法制定機関に服することのないこととした。政府のもとにある人間の自由とは、政治社会でだれでも共通して適用される法に従って生きることである。絶対的な恣意的な権力からの自由は、人間の生存にとって必要なものである。この自由を手放すとしたら、自己の生存権を喪失することになる。[5] 人間の自由は、理性に基づくものである。[6] このように、自由というとき、イングランドの自由主義者は国家からの束縛からの自由を意味した。[7] 国家からの自由を強調し、その実現のためには最小限支配国家が理論的に要請されたのだった。国家は個人の利害に奉仕するかぎりにおいて価値を認められた。[8] いわば、消極的自由論である。

ところで、このような自由観は自然権理論から生じてきている。ホッブズやロックが社会契約説のなかでといた自然権は理論上の仮説としてではなく、当時のイギリスの歴史的な背景があったことを忘れてはならない。つまり、一二一五年六月一五日の『マグナ・カルタ』において宣言された諸権利などがすでに存在していたのである。これらの歴史的にかちとられていた諸権利を再確認したのが、ホッブズやロックらの自然権論であったといえよう。[9] ロックの自由観ももとをただせば、『マグナ・カルタ』や、『権利章典』(一六二六年)、などの内容にそったものである。

権力の制限が個々人の自由の確保の前提条件であるとするのが、消極的自由・理性的自由の主張であった。この点で、卓越した論理をうちたてたのは、モンテスキューである。彼は、政治的自由について発言している。政治的自由は、各人が自己の安全について確信をもつ政体において存する。つまり、ひとりの人間に立法権と執行権が保持されていない状態である。また、裁判権が立法権と執行権より分離していないときには、自由はないのである。立法権と裁判権とが結合しているとき、市民の生命と自由を支配する権力は恣意的であろう。また、裁判権と執行権が結合しているときも圧政となる。[10] モンテスキューにとっては、自由の保障は司法、法服貴族、そして基本法にあったといえよう。

ロックは個人的な自由について考察し、モンテスキューは自由の実現を可能とする政治制度についてふれた。いずれにせよ、理性的自由は国家権力から一定の距離をおくことで実現されるのであった。

強制可能な理性的自由

J・J・ルソーは、自由の放棄とは人間の権利と義務を放棄することであるとした[11]。ひとびとが社会契約を締結したことで、政治的社会における所有権と社会的自由を獲得する。一般意思に従うことは、自分に従うことと同意である。一般意思に従うかぎりにおいて、ひとびとは自由たりえるのである[12]。カントは、自由——他人の強要的意思からの独立性——をそれが普遍的法則に従ってあらゆる他人の自由と調和しうるものであるかぎりにおいて、この唯一・根源的な人間性のゆえに万人だれしもに帰属する権利とした[13]。自由の概念は普遍的法則を通して実在性を証明する。普遍的法則は純粋理性・意思に根源をもつ[14]。自由は他人の自由と普遍的法則に従うことによって有効となる[15]。ヘーゲルは自由を客観的自由と主体的自由の一体と考えた[16]。即自的かつ対自的な国家は倫理的全体であり、自由の実現態である[17]。国家は、具体的自由の現実性である[18]。ボサンケットは、国家を善き生活と価値を実現させるための存在とした。国家はすべてのものをうちに含む。自由はこの国家のなかで実現されるのである。自由は個人の意思ではなく、絶対的な真実意思・一般意思と合致した状態において現出するのであった。そして、国家において一般意思が体現されるのである。個人は国家に従うが、それは結局自分自身に服することなのである。個人の自由は国家のなかで位置付けられることで、はじめて自己の固有の意義を獲得する。国家にあって、真の自由が達成されるのである。[19]

このように強制可能な自由を主張する思想家たちは、超越的な何かしらの存在を強調するむきがある。つまり、ルソーにあっては〝一般意思〟を、カントにあっては〝普遍的法則〟を、そして、ヘーゲル＝ボサンケットにあっては〝国家〟を、重視している。ひとびとはそれらに服したり、強制されたりすることによってはじめて自由が実現され、意義をもつにいたるのであった。

ニュー・リベラリズム

一九世紀は、自由主義（消極的自由観・自由放任）の時代であったといえよう。しかし、同世紀の後半になると、自由主義は衰退の一途をたどりつつあった。すなわち、あらたに派生してきた社会問題（経済不況・失業・貧困・疾病）の解決に自由主義は無力なのであった。つまり、最小国家観や個人的自由の尊重（権力の不干渉）などの考え方をしていたのでは、社会問題の打開など到底無理であった。このような自由主義の閉塞状況のもとで、国家が個人の生活を保障していくべきではないか、国家が社会問題に積極的に取り組むべきではないのか、というあらたな見解が示されてきた。すなわち、積極的国家観、機能的国家観の要請である。ここにおいて、古典的伝統的自由主義から新自由主義（new liaeralism）への理論的転換がはかられるのである。経済的に古典的自由主義の修正をほどこす思想家として、ケインズがいた。ケインズは、「自由放任の論拠とされてきた形而上学ないし一般的原理は、これをことごとく一掃してしまおうではないか。個々人が、その経済活動において、長い間の慣習によって自然的自由を所有しているというのは本当ではない。持てる者に、あるいは取得せる者に永久の権利を授ける契約など一つもない。世界は、私的利害と社会的利害とがつねに一致するように天上から統治されているわけではない。世界は、現実のうえでも、両者が一致するように、この地上で管理されているわけではない。啓発された利己心は、つねに社会全体の利益になるように働くというのは、経済学原理からの正確な演繹ではない。また、利己心が一般に啓発された状態にあるというのも本当ではない。個々人は、各自別々に自分の目的を促進するために行動しているが、そのような個々人は、あまりにも無知であるか、あるいは、あまりにも無力であるために、たいてい自分自身の目的すら達成しえない状態にある。経験によれば、個々人が一つの社会単位にまとまっているときのほうが、つねに、各自別々に行動するときよりも明敏さを欠くということは証明されている」、とのべた[20]。そして、ケインズは社会全体の利益の達成のために、政府の積極的・機能的活動を求めた。彼は、〝政府のなすべきこと〟と〝政府のなすべからざること〟を区別し、民主政治のなかでなすべきことを遂行する能力をもつ政府の形態を工夫するのが現代の政治学の課題と認識した。国家のなすべきことは、個人の力では到底実現されるべくもないものを遂行することである。そこでケインズは、いうまでもなく、不況の打開と完全雇用の実現をめざした経済政策の実施を政府に求めるのだった[21]。

政治的には、ホッブハウスが新自由主義を主張した。彼に従えば、国家は社会生活の維持、改善を目的とする。夜警国家ではなく、積極的国家への転換をはかるべきである。国家は病院を建設したり、交通網を整備したり、教育制度を確立したりする任務をはたさなければならない。このような、国家による社会資本の充実は、個人の自由と抵触するものではない。国家は、公益を実現する義務を負うのである。公益は、ひとびとの利益を意味する。公益は、社会における共同関係を維持していくために必要である。社会福祉と個人の自我の発展の条件を確保していくことが、国家の役割なのである[22]。また、ラスキは、「ひとたび市場の機能の中に一つの倫理的な主張が招じ入れられるや、市場経済に介入することなくしては社会にはいかなる利害の調和もありえないということが直ちに認められる。ここから当然、社会にとって最も望ましい利害の調和をめざして国家権力が介入するという義務が生ずる[23]」と発言している。このようにして、国家の干渉なり、国家の扶助による個人生活の維持なり、つまり国家のアシストによって自由を確保していこうとするのが、積極的自由観である。ダントレーヴ（Alexander Passerin d'Entreves, 1902-?）の指摘に従うならば、すべての市民に権利上、万人にとって平等であるべき自由を実際に享受することの要求は、伝統的な消極的自由の観念を国家の不干渉を意味するものとして放棄されたのである[24]。このような新自由観＝積極的自由観は自由主義が社会主義的要素を摂取、受容した結果、構成されたものといえよう。

ネオ・リベラリズムとリヴァータリアニズム　経済学者のハイエク（Friedrich August von Hayek, 1899-1992）によって、新自由主義（neo-liaeralism）が主張された。ハイエクの理論は、ホッブハウスの新自由主義とは対蹠的である。ハイエクは、原則的には市場原則を貫徹していこうというのである。彼は、自由をひととひととの関係にかかわるものであると考える[25]。そして、自由主義は法がどうあるべきかについての主義であり、民主主義とは何が法となるであろうかを決定する方法に関するひとつの教義である[26]。社会における法なり規則なりの平等は自由のために役立つものである[27]。自由主義は交換的正義に関係するのである[28]。ハイエクは、経済に対しての国家の介入による計画経済は結局は全体主義的になってしまい、民衆の隷従への道をたどっていくことになるのを危惧したのである[29]。

ハイエク的な考えは、リヴァータリアニズムとしてさらに発展していく。そもそも、自由主義といった場合、古典的な自由主義やホッブハウス的な自由主義やケインズ的な経済政策までを含めた広範なものとなってしまっている。リヴァータリアニズムは、このような概念の混乱をさけて、消極的自由を擁護するという本来のリベラリズムというのを表現するものである。それは、自由尊重主義と訳されることがおおい。リヴァータリアニズムは自由や自由市場を単なる道具としてではなく、それ自体の価値を認め尊重し、それ自体を人類の進化の基礎的な条件とみなすのである。それは、肥大化した国家と受動的な個人という対立のなかで、個人の自由を重視する。いわば、ホッブハウス的な自由観、国家観の否定といえよう。

最近の学界の思潮としては、このリヴァータリアニズムとコミュニタリアニズム（共同体主義）とを対比しつつ議論することがおおい。コミュニタリアニズムは、個人の救済のために共同体の重要性を強調するのである。両者の関係については、サンデル（Michael J. Sandel, 1953-）が要領よく整理している。コミュニタリアニズムは、平等主義的自由主義といえよう。それは、福祉国家を支持し、一定の社会的、経済的権利――福祉、教育、医療など――とともに、市民的自由を重視する。[30] リヴァータリアニズムは、市場経済を擁護し配分的な政策が個人の権利を侵犯するとみなした。そして、私有財産の権利とそれに関連した市民的自由を重視する。リヴァータリアニズムは、個人主義的な観点から議論を展開している。それは、人間を自律的なものとして把捉する。また、各自の行動と選択を尊重する。権利をもち、尊重されている各自が関係を結ぶことでお互いの価値が高まる、そのような社会関係こそが理想とされる。自主的自発的な個人の活動が、社会的利益を達成し、増大させるのである。意図的な計画や介入は、排除されるべきなのである。国家による干渉は、抑圧以外の何ものではない。それによって、個々人の自由や個性は破壊されてしまうのである。[31] コミュニタリアニズムは、個人が選択の能力を発展させるにあたって、社会的な制限をこうむったとしてもやむをえないと考える。社会的な、共同体的な様式によって、個人の自由は増大していくのである。個人の自由はもっとも重要な優先的な価値であるとして再確認をする自由尊重主義と、平等の実現のためには自由の制限もやむをえず、自由の確保のためには平等化が必要前提条件とする共同体主義との相違は明白である。ところで、リヴァータリアニズムとコミュニタリアニズムの議論は、何も今日的なものではない。思想系譜をたどっていけば、理性的自由と強制可能な理性的自由との対比、個人主義と社会（学）主義・団体主義との対比、などの議論に淵源するものであろう。

2　自由（主義）の構造

バーリンは、「～からの自由」[32]と「～への自由」[33]という有名な定式を提起した。ところで、バーリンの意図とは別に、このモデル自体がひとり歩きしてしまった観がある。つまり、消極的自由と積極的自由とは相互に排他的なものとして、また二者択一的なものとしての印象をあたえてしまっている。[34]現代にあっては、いうまでもなく、消極的自由と積極的自由とは相互補完的、かつ並立的な関係にある。現代における自由論は複合的な内実をもつものとなっている。そこで、現代における自由主義の理論的な構造を明確化しておくこととしたい。

①自由主義＝個人尊重主義　自由主義は個人主義的な世界観の政治的表現である。[35]自由主義は本来人間人格の絶対的価値、尊厳性を目的とする。もともと自由主義は、神の唯一神教的な味方から理神論的な味方への転換である。そして、この理神論が汎神論に転換していくと、個人の自律性が一層確保されていく。[36]

②自由主義＝方法論的個人主義　自由主義は個人の存在を重視した。さらに、自由主義は個人によって社会が構成されているとみた。いわゆる、方法論的個人主義である。ダン（John Dunn, 1940–）は、還元論的個人主義と言い換えている。社会の基本的単位を個人に求めるのである。[37]そして、これら個々人が自由に活動することで社会全体の利益が構成されてくるという考え

が導きだされるのである。しかし、先に検討したように、自由放任的な考えが限界に直面すると、人間相互間の共同的な関係が見直されてくる。[38] ここにおいて、個々人は社会的な行動様式なり共同目的なりの規制を受けることではじめて自由が達成されるという見解が示されてくるのである。個人が社会の構成単位であり、孤立したあるいは自給自足的な個人を前提にしているという思い込みが方法論的個人主義にある。[39] それは、あきらかに間違いである。

③自由主義＝市場経済重視　自由主義を生みだしたのは、経済社会の進展である。[40] 個人の意思や能力を重視するのであれば、経済的な原理が当然導出される。市場経済は、概して競争原理が働く。資本はあらたな利潤を求めて投資し、しかもこのことが経済全体の物質的な富に影響をもたらす。自由の第一条件は経済発展なのである。この条件が充たされて、はじめてひとびとは希望を抱き、進歩と解放が実現される。もし、経済的に危殆に瀕すれば、自由や社会は衰退していくことになる。[41] 経済が発展していけばいくほど、ひとびとの連帯や相互依存関係が深まる面も無視できない。[42] 自由主義の発展は、経済の進展に付随しているのである。

④自由主義＝権力に対するペシミズム　自由は、政治権力の制限を要求する。[43] 自由主義は、政治権力に対してのペシミズムなのである。統制されない政治権力は、自由の宿敵である。自由主義は権力の恣意に対する自由（個人）の防御の理論である。権力の制限は、法の支配と権力分立により達成された。[44] しかし、現在にあっては自由主義の本来の目的のひとつであった権力の制限はほそぼそと命脈を保っているにすぎない。[45] 政治化の時代といわれるように、国家権力が個人

生活に介入する現象がみられる。このことにより、個人の虚脱感や無力感が生じてきてしまうと、政治権力に対しての批判的な取り組みが喪失してしまうのである。

⑤自由主義＝自由権の確立　　個人は人間としての不可侵の権利をもたなければならない。権利をもつことで、潜在能力を発展させていくことができるのである。(46) ホッブハウスは、いままで自由主義が提起し獲得した自由として、（Ⅰ）公民の自由～自由な政治の第一条件は支配者の独断的自由を排し、法による政治がおこなわれねばならない。自由と法との間には対立はないのである。法は自由にとって不可欠のものである。自由主義は法の公平な適用を確保する手続きを要求する。（Ⅱ）財政上の自由～普遍的かつ公平に適用する法により課税されなければならない。（Ⅲ）人身の自由～思想の自由とともに、言論、出版、宗教の自由である。（Ⅳ）社会的自由～ある官職、職業に就業する権利を認め、教育を受ける権利も認める。自由を獲得するための闘争は、それが目的を達成したあかつきには、平等をえようとする運動となる。職業選択の自由は、職業に従事する機会が他人と平等であることを意味する。（Ⅴ）経済的自由～自由主義運動は近代初期における関税、産業制限などの障害に対する攻撃であると同時に、不平等に対しての攻撃であった。さらに、経済が発展してくると、使用者と労働者との関係が問題とされてくる。弱者である労働者を保護するために、労働協約の締結に国家が干渉するようになった。（Ⅵ）家庭の自由～封建的な家族制度から婦女子を解放させ、自由を享受させたのは自由主義の功績である。（Ⅶ）地方的民族的国民的自由～外部の侵略と支配から自治を守る権利である。（Ⅷ）国際的自

由~国家間の不干渉主義であり、軍事的圧制に対しての自由である。(Ⅸ) 国民主権~国民が政治的自由、支配権を掌握する、などをかかげた。[47] 自由は、権利を擁護すると同時に、そのことにより潜在的な能力を最大限に発達させるのである。[48]

⑥自由主義=自由と平等との融合　現代にいたり、自由と平等とは対立的というよりも相互補完的なものとなる。[49] アロンは、自由主義の論理は法の前の平等という原理を媒介として民主主義につながり、さらに、民主主義は個人的な諸自由(表現と討論の自由・集会と結社の自由)の尊重を必要とする、[50] という。平等の実現のために、自由は基本的条件なのである。[51] 自由と平等との融合こそが、現代における自由主義の要諦といえよう。

以上みてきたように、現代にあって自由主義の理論的構造は複合的なものとなっているのである。人権の獲得のあゆみをふりかえってみると、自由の尊重・自由権の確立は人権の核をなしてきたものであった。自由の確保と自由権の尊重は、現在ならびに将来にわたっても、最高の政治的価値として位置付けられることであろう。また、自由主義は民主主義や社会主義の諸要素を受容・摂取していくなかでつねにあらたな位相を示しつづけることであろう。

(1)　ベル(正慶孝訳)『二〇世紀文化の散歩道』(ダイヤモンド社、一九九〇年)四五四頁。

(2)　拙稿「ホッブハウスの自由論」『駒大法学部研究紀要』第五二号三頁。ところで、レッセ・フェールといっても、自由市場が成り行きまかせで生じてくるのではなかった、そこには公的権力の介入が存在していた、というポラニー(Karl Polanyi, 1886-1964)の指摘はあながち間違ってはいないようにおもわれる。ポラニー(吉沢英成他訳)『大

転換』（東洋経済新報社、一九八〇年）一八九頁。
（3）クランストン（小松茂夫訳）『自由』（岩波書店、一九七六年）三一―三二頁。
（4）ホッブズ『リヴァイアサン』一四〇頁。
（5）ロック『市民政府論』二八―二九頁。
（6）同上六五―六六頁。
（7）クランストン『前掲書』七五―七六頁。
（8）同上七七―七八頁。
（9）ダントレーヴ（石上良平訳）『国家とは何か』（みすず書房、一九八四年）二五三頁。
（10）モンテスキュー（井上幸治訳）「法の精神」『世界の名著三四』（中央公論社、一九八〇年）四四三頁。なお、ラウマー（千代田寛訳）『自由と国家権力』（未來社、一九七〇年）七―一八頁参照。
（11）ルソー『社会契約論』二一頁。
（12）同上三四―三五頁。
（13）カント「人倫の形而上学」三六三頁。
（14）同上三四三―三四四頁。
（15）同上五三五頁。
（16）ヘーゲル「法の哲学」四八〇頁。
（17）同上四八四頁。
（18）同上四八八頁。
（19）拙稿「ホッブハウスの国家論」一五九―一六四頁。
（20）ケインズ「自由放任からの脱却」『世界の名著五七』一五一頁。
（21）同上一五二・一五四頁。
（22）拙稿「ホッブハウスの自由論」八―一〇頁。一九世紀中期から後期にかけて自由放任主義の主唱者としてスペンサーがいた。古典的な自由主義では社会問題や経済不況を克服できないとしてホッブハウスらによって批判的に超克されていった。ホッブハウスの議論には自由主義と社会主義との融合が認められる。

(23) ラスキ（飯坂良明訳）『近代国家における自由』（岩波文庫、一九七八年）二一頁。
(24) ダントレーヴ『前掲書』二五四頁。
(25) ハイエク（気賀健三・古賀勝次郎訳）『自由の条件Ⅰ』（春秋社、一九九二年）二三頁。なお、古賀勝次郎『ハイエクと新自由主義』（行人社、一九八三年）を参照。
(26) 同上一五一頁。
(27) 同上一二五―一二六頁。
(28) ハイエク（田中真晴・田中秀夫訳）『市場・知識・自由』（ミネルヴァ書房、一九九四年）二三三頁。
(29) ハイエク（一谷藤一郎）『隷属への道』（東京創元社、一九七九年）参照。
(30) サンデル『自由主義と正義の限界』xi頁。
(31) バリー（足立幸男監訳）『自由の正当性』（木鐸社、一九九〇年）一五頁。
(32) バーリン（小川晃一他訳）『自由論』（みすず書房、一九八〇年）三一一頁。
(33) 同上三一七頁。
(34) ウェルドン『政治の論理』九〇頁。
(35) ハロウェル（石上良平訳）『イデオロギーとしての自由主義の没落』（東京創元社、一九五三年）一七頁。
(36) 同上三六頁。
(37) ダン（半沢孝麿訳）『政治思想の未来』（みすず書房、一九八三年）七〇頁。
(38) ラスキ『近代国家における自由』一九四頁。
(39) ハイエク『市場・知識・自由』八頁。
(40) ラスキ（石上良平訳）『ヨーロッパ自由主義の発達』（みすず書房、一九五一年）七頁。
(41) ラスキ『近代国家における自由』一一―一二頁。

(42) 拙著『フランスの社会連帯主義』二三〇―二三一頁。
(43) ラスキ『近代国家における自由』五二・五五頁。
(44) 拙著『政治学原論序説』五七―六三頁。
(45) アロン『自由の論理』六六頁。
(46) ハロウェル『前掲書』六五頁。
(47) 拙稿「ホッブハウスの自由論」六―七頁。
(48) ノイマン『民主主義と権威主義国家』二四八頁。
(49) ラスキ『近代国家における自由』五五頁。
(50) アロン『前掲書』一二六頁。
(51) ハイエク『自由の条件Ⅰ』一六九頁。

12 平　等

1　政治哲学史上あらわれた平等論

平等（equality）原理は自由原理とならんで、近代以降の政治社会を嚮導してきた観念といえよう。それはまた、基本的人権の根幹をなす原理でもある。ところで、平等観念のもつ内容とはいかなるものであろうか。また、平等の本質とはどのようなものであろうか。これらの疑問に対する回答を提出する前に、政治哲学史上あらわれた平等観をながめておきたい。

中世から近代への転換期に生じたムーブメントのひとつ、すなわち宗教改革が平等概念を明確化したといえよう。それはまず、「神の前の平等」概念としてあらわれたのである。ルター（Martin Luther, 1483-1546）は「われわれはみな洗礼によって聖別され、司祭とされている」[1]、という。万人司祭主義である。彼はつづけて、「みんなが祭司である以上、キリストを信じるもののなかで祭司と平信徒との間にいったいどんな区別があるのか、ときみが尋ねるなら、私はこう答える。祭司、僧侶、聖職などという言葉が一般のキリスト者から移されて、今日僧侶階級と呼ばれる少数の人々にだけ適応されているのは、これらの言葉が不当に使われているから[2]」であり、「教会人と世俗人とは、結局のところ、本当は職務、ないし、ワザによる以外は何らの差別もなく、両者の間に身分上の差別は存しない[3]」のである。カルヴァンもまた、「われわれはただ、主人からの召命が万事において正しく行為する原理であり、基礎である……どんなにいやがられる、いやしい仕事であっても（あなたがそこであなたの召命に従いさえすれば）神の前で輝き、もっとも尊いものとならぬものはないのである[4]」、とのべた。いわゆる職業召命観である。これらの論理的な帰結として、神の前の平等が提示されたのである。これが、人間の平等教説に発展していくのである[5]。また、プロテスタント的／ピューリタン的個人主義は個人の魂の絶対的な価値を主張した。そして、神の前の平等はやがて、個々人がそれぞれの資質をもつという社会的平等観に結びつけられていくのであった[6]。

啓蒙思想家といわれるひとたちによっても、平等原理は積極的に取り上げられていく。たとえば、ロックは、自然状態を平等状態であるとみた[7]。人間は生まれながらにして平等であり、完全な自由を所有し自然法の定めるすべての権利と特権を抑制させずに享受する資格を与えられているのである[8]。そして、ひとびとは社会契約を締結することで、いままで所有していた平等、自由、執行権を放棄して社会の手に委ね、社会の福祉に役立つように立法権力に任せてしまうのである。しかしそのようにするのも、自己の自由と所有物を保全するためである[9]。モンテスキューは、民主制における共和国への愛とは、民主制への愛である。民主制への愛とは、平等への愛であるとする。[10] 民主制の原理はひとびとが平等の精神を失うときに腐敗するのである。[11] 共和国における徳性と呼ぶものは、祖国への愛、すなわち平等への愛である。それは、政治的な徳性である。[12] このように、モンテスキューは平等を政治体制の機動力として考えたのだった。ルソーは『人間不平等起源論』（一七五四年）において、不平等はわれわれの能力の発達と人間精神の進歩によって、増大してきたのであり、そして法律や所有権のかたちをとることで最高頂に達したとみた。[13] その後、『社会契約論』（一七六二年）において、以下のような考えに変遷した。そもそもひとびとの最大の福祉は、自由と平等とに帰着する。平等は権力と富の程度が同一でなければならないということに解すべきではない。権力については、暴力の行使ではなく明確な権限と法に基づかなければならないのである。富については、どんな市民も他人を売買するほどに裕福ではなく、どんな市民であっても自身を身売りするほど貧乏であってはならない。[14] 社会契約は市民間に平等の関係をうちたてるから、その結果同じ条件のもとに義務を負い、同じ権利を享有するのである。また、主権の行使にあっても何らの差別もないのである、[15] と。

シェイエス（Aaaé Emmanuel Joseph Sieyès, 1748-1836）は「特権論」（一七八八年）において、第一・第二階級の所有する特権の排除を主張することで、平等の実現をめざした。[16] また、トックヴィル（Alexis Charles Henri Maurice Clérel de Tocqueville, 1805-59）は、平等の理念が人間の精神に多くの示唆をあたえ、それらを変化させるものと認識した。固定した身分制度のもとでは、ひとびとは自己の能力を発展させていくことはできず、社会のカベにぶちあたってしまう。またそのような社会では、さらに進歩していくことを想像すらできなくなる。だが、身分制度が消滅し階級間の差別がなくひとびとが混合しあうと、社会の理想的な像を実現するのが可能となる。[17]平等な社会はひとびとが政治に協力しており、各人が平等な権利をもつのである。したがって、専制的な権力を行使することなどなくなる。そこでは、ひとびとは自由であり、完全に平等である。[18]民主主義の時代を特徴づけているのは、地位の平等ということである。[19]ひとびとの情熱をかきたてるのは、平等への愛なのである。ひとびとを互いに独立的なものとする平等は、各人が自らの意思にのみ従うことを習慣付けることである。各人が独立的であれば、あらゆる権威をしりぞけるのである。平等は、ひとびとを独立的に導くことで無政府的な状態にまでいたる傾向がでてこよう。[20]いずれにせよ、トックヴィルは君主制でもなく貴族制でもない、平等に価値をおく民主制を理想としたのである。

　近代市民革命によって実現された平等は、ブルジョアジーのためのものであった。当然のことながら、その後、マルクス主義やアナーキズムの側からこの平等観に対して批判が向けられた。たとえば、バクーニンは「キリスト教のいわゆる平等も、結局のところ、はなはだしい特権に帰着するのである。つまり、神の恩寵を受けて選ばれた数千の人々だけが、地獄に落ちた幾百万の人々を除外して享受することになる特権である。さらにまた、神の前における万人のこうした平等も、たとえそれが実現されることになったとしても、結局は空虚な平等であり、一人の至高な主人の前における平等な奴隷たちの境遇にすぎない」[21]、とし、そして「労働者は平等を希求するのに反して、ブルジョアジーは不平等の維持を求める」[22]とした。バクーニンは、一切の不平等の制限の破壊を訴える。経済的社会的な平等をうちたてることで、自由と道徳性と連帯が実現されると考えた[23]。レーニンも民主主義は平等を意味すると把握する。平等のためのプロレタリアートの闘争が重要な意義をもってくる。平等は階級の揚棄である。しかし、民主主義は形式的な平等を意味した。このような形式的な平等ではなく、事実上の平等、つまり生産手段の占有に関しての社会成員の平等、労働の平等、賃金の平等が実現されるべきである。レーニンは「各人はその能力に応じて、各人にはその欲望に応じて」という準則の実現が不可避的にあらわれることを望むのであった[24]。

ブルジョアジーたちが市民革命を通して排除しようとしたのは、旧体制側の特権であった。そして、平等の理念を実現すべく、政治制度を整備していくのであった。しかし、あらたにプロレタリアートたちが台頭してくると、ブルジョアジーたちの形式的な平等に対して実質的な平等の実現を求めていく気運が高まってくるのであった。とくに、社会主義の構成原理のひとつとしての平等原理は、ブルジョアジーの占有する権利の打破につながるという面で過激な主張となっていく。社会主義における平等原理は、共同体主義への傾向を本来的に内在している。つまり、共同体のなかで仲間と平等であるためには、人は自己的であることをやめなければならない。そして、自分が共同体に所属していることが栄誉であることを意識的に理解するようにしむけなければならない。このように平等原理は共同体重視の考えにつながり、共同体的な行動様式に従うことなのである。[25] 富めるものと貧しきものとの格差は、平等の原理に反する。この不平等は個人的所有の原理に基づくものである。したがって、社会主義はこの不平等・格差を否定し、かわって共同体的な所有の原理をうちたてるのである。[26]

以上みてきたように、近代以降の政治哲学史の検討から確認できることは、よりよい平等の獲得をめざしてひとびとがあゆんできたという点である。そして、ある意味で、この平等を現実に達成すべきことを内包した観念が正義なのであった。

2　現代の平等論

二〇世紀にはいると、自由と平等の二つの原理の融合がはかられてくる。たとえば、ラスキは「平等は自由と不可分の関連を有するとわたしには考えられる。まず第一に、平等は機会を組織的に提供するという意味に解せられる。第二に、社会目的に反しないかぎり、どんな人の機会でも、他の要求の犠牲とされることはないということを意味する」[27] のであり、平等がなくては民主政治はありえず、民主政治のないところには自由はありえないのである、[28] と考察した。自由化は不平等を招き、平等の徹底化は自由の規制につながる。このようなアンチノミーを打開するところみが現代の政治哲学の課題とされてくるのである。

平等主義といったとき、①社会身分の平等化を求める場合、②民主主義と同義に使用される場合、③社会主義と同義に使用される場合、とに大別できよう。ことばをかえていえば、〝市民的平等〟から〝政治的平等〟、そして〝社会的平等〟へと主張のアクセントが変化したのである。フリードマンは平等観の変遷を、①神の前における平等、②機会の平等、③結果の平等、とに分類した。①神の前における平等は、人格的平等である。それは、結局人間の権利の付与につながり、その権利により幸福追求がなされるのであった。[29] やがて、一九世紀になると、②機会の平等が生じてくる。ひとは目的を追求していくにあたり、どんな障害にも妨げられないのである。[30] 機会の平等は、自由主義と関係している。[31] そして、二〇世紀になると、③結果の平等が重視されてくる。つまり、すべてのものは生活や所得の点で同一水準でなければならないということである。しかし、この結果としての平等は、自由原理と抵触してくる。結果の平等は、福祉国家によって実現されるものである。[32] 結果の平等は、国家による社会的資源・価値の配分により達成される。しかし、社会政策の公平さや基準について、客観的に評価することは難しい。結果としての平等は、客観的なものではないといえよう。[33] さらに、国家による平等の実現は個々人の生活への公的な介入をもたらし、自由の侵害の危惧がでてくる。結果としての平等が、社会正義であるとも考えられてくる。社会正義とは、実質的所得と実質的な富は公正なやり方で再分配されるべきであるとの信念を意味している。この信念の前提は、自由市場では不公正な結果と不平等な結果を生じさせるので、これらの是正のために政府の積極的な活動が求められるのである。[34]

福祉国家の成立については、先に検討した。福祉国家が結果としての平等を実現することに対して、たとえばリヴァータリアニズムからの批判が向けられる。その見解に従えば、結果の平等を自由よりも重視する社会は、最終的には平等も自由も達成することはできない。平等を達成するために、強制力を使用することは、自由の破壊となる。また、政府の巨大化・監督権の強化につながるのも危険である。そして、自由尊重主義者は自由を優先原理とし、そのことでより大きな平等を達成できるとしている。彼らにとって、平等は自由の副産物なのである(35)。

3　平等原理の再構成

自由も平等も個人の解放を実現するにあたって、必要不可欠な原理であった。たしかに、自由の尊重（自由放任）により強者と弱者の区別や不平等が生じてくる。また、完全な平等の実現にあたっては、自由の規制が必要とされてくる。しかしながら、基本的人権の確立に際しては、両者はけっして排他的な関係にあるのではなくむしろ協働関係にあるはずのものである。自由と平等とがあいまって、はじめて人権の基礎が強化されてくる。現代にあって自由主義の構造上も、平等原理は不可欠な要素として尊重されてきているのである(36)。平等原理は自由原理、博愛原理と並存するものなのである(37)。ところで、平等原理は、個々人の人格（の実現）という観点から再認識されるべきである。平等原理は個々人の人格の発展のための必要前提条件とすれば、以下の諸点に関心をはらわなければならないであろう。

①一人一票という形式的な政治的平等のほかに、各人に生活条件の平等を確保すべきである(社会権・福祉権)。

②国民主権の行使という観点からすれば、一票の重みを平等にしなければならない(一票の格差是正・議員定数配分均衡の原則の確立)。

③権利の行使やその適応を受ける際には、各人がみな平等であることが確認されていなければならない(権利の平等、法の下の平等)。

④各人が享受する社会サービスがふえればふえるほど、すべてのひとびとの精神的物質的な平等が実現される。

⑤社会目的の実現のためには、各人が自己の能力に応じて義務や負担を担うべきである(負担の平等)。

⑥平等は人格の発展のためのみならず、人格の発展を実現するための政治参加の基礎となるべきである。

平等は、ある意味で変幻自在な観念である。[38] 平等は政治的価値のひとつであり、それがどこまで他の価値と両立できるかは、具体的な政治状況にかかわってくるのである。したがって、平等観念の一般化をはかることは容易ではない。[39] ただ確認できることは、以下のようなケースである。つまり、平等観念が政治的に意義をもちはじめるのは、ひとびとのあいだで不平等や不公平や不正や差別が問題化していたり、少数の支配者たちやある政治勢力の迫害に対して弱者側が抵抗する場合などである。[40] 理念としての平等は、社会的な矯正をめざしていく政治的弱者（側）の切実な主張といえよう。政治哲学史上あらわれた平等の主張は、あらゆる差別、格差などの廃棄と是正を目的としてきたのである。ところで、人種や所得、または身分などの差別が撤廃されてひとびとのあいだに平等化がはかられたとしても、そのことが真の意味での平等の実現ではないといえる。つまり、ひとびとに平等権を保障すべきであるという主張が説得的な記述であるといえるのは、平等権が最終的に共同社会の維持発展のために有効であり、またそのための必要前提条件であることが確実に論証されていなければならない。すなわち、平等権は、その究極の目的なり、表現・内容なりとして生存権や福祉権だけを想定するのでは断じてない。平等権の主張は論理的に生存権や福祉権にとどまるだけではなく、それらを超越してひとびとの政治的参加（参政権）へと発展していかなければならないものなのである。社会的な相互依存関係の維持・発展のために、ひとびとが等しく政治的な事項に関与できるように条件整備することが、平等権の主眼とするところなのである（政治参加のパラドックスの矯正）。平等（権）は、政治社会に対してひとびとがひとしく発言・行動できるような基盤の確保をめざすことを最終目的とするものなのである。

（1）　ルター（松田智雄訳）「キリスト教界の改善についてドイツ国民のキリスト教貴族に与う」『世界の名著一八』（中央公論社、一九六九年）八六頁。

(2) 同上六四頁。
(3) 同上八八頁。
(4) 『カルヴァン』二五四―二五五頁。
(5) リンゼイ『現代民主主義国家』八六頁。
(6) 同上一〇八頁。
(7) ロック『統治論』一九四頁。
(8) 同上二四五頁。
(9) 同上二七三頁。
(10) モンテスキュー『法の精神』四〇六頁。
(11) 同上四二五頁。
(12) 同上三六五頁。
(13) ルソー(本田喜代治・平岡昇訳)『人間不平等起源論』(岩波書店、一九七二年)一三〇―一三一頁。
(14) ルソー『社会契約論』七七頁。
(15) 同上五一頁。
(16) シェイエス(大岩誠訳)『第三階級とは何か』(岩波文庫、一九七七年)参照。
(17) トックヴィル(井伊玄太郎訳)『アメリカの民主政治(下)』(講談社、一九八七年)七一―七三頁。
(18) 同上一八〇頁。
(19) 同上一八二頁。
(20) 同上五一〇―五一二頁。
(21) バクーニン「神と国家」二五〇頁。
(22) 同「インタナショナルの政治」四二六頁。
(23) 同「靴のドイツ帝国と社会革命」三三一頁。

(24) レーニン『国家と革命』一三九頁。
(25) バーキー（浅沼和典訳）『社会主義』（早稲田大学出版部、一九八五年）二五―二六頁。
(26) シュタイン（石川三義他訳）『平等原理と社会主義』（法政大学出版局、一九九〇年）八七頁。
(27) ラスキ『近代国家における自由』五八頁。
(28) 同上二一九―二二〇頁。
(29) フリードマン『選択の自由』二〇七頁。
(30) 同上二〇六頁。
(31) 同上二一二頁。
(32) 同上二〇六頁。
(33) 同上二一〇頁。
(34) シャンド『自由市場の道徳性』一九三―一九五頁。
(35) フリードマン『前掲書』二三七―二三八頁。
(36) バーリン『時代と回想』（岩波書店、一九八三年）三三五頁。
(37) バーカー『政治学原理』一九七頁。
(38) 同上一八八頁。
(39) バーリン『前掲書』三二七頁。
(40) リース（半沢孝麿訳）『平等』（福村出版、一九七五年）一七六頁。

13 人権

政治学は支配と統制のための学ではない。そもそも政治学は、人権（human rights）獲得のための学であり、抵抗のための学であった。政治学の歴史を顧みたとき、人権は重要テーマのひとつであったことがわかる。一例をあげると、ラスキは、「権利とは……いかなる人も一般にそれがなくては、最善の自己とはなりえないような社会生活の諸条件である。なぜならば、国家は人が最善の自己となることができるようにするために存在するのだから、権利を維持することによってのみ、その目的が確保されるからである。したがって権利は、認められようと認められまいと、国家の正当性の源泉であるという意味で、国家に先立つものである」[1]、とのべた。ひとは権利を所有しており、この権利が保障されないかぎり自己実現をはたすことはできないものである。また社会生活をおこなっていくにあたり、ひとびとは自己と等しく他人の権利を尊重する義務を負う。権利の背後にある原理は、平等の原理であり、人格尊重の原理である[2]。権利によって、各人は独立性を確保できるのである[3]。権利は、われわれの存在（性）のよりどころといってもよい。そこで、本章ではひとびとが権利を獲得した歴史をふりかえってみたい。

1　政治哲学史上あらわれた人権

自由権　人権が政治哲学史上重要テーマとしてあらわれてきたのは、近代以降のことである。ところで、中世における権利とは、どのようにとらえられていたのであろうか。ギールケによれば、中世においても個人に帰属する生得的な人権という思想があった。中世にあっての権利は、自然法なり神法なりの絶対的客観的な原則からの直接的な帰結であった(4)。しかしながら、中世社会は世襲的身分的特権関係や土地支配の上に成立していた。これらの社会秩序から除外されていたひとびとは、生物的肉体的には存在していたとしても政治的社会的には不存在であった。この段階にあって、万民の権利は政治哲学的な問題とはなりえなかった。権利は個人ではなく、団体に付与されていたのがその実状であった(5)。やがて、市民革命や産業革命を契機として市民の権利観念がクローズアップされてくる。近代的な人権は、まず第一には国家権力の不介入を実現する自由権論として登場してきた。ここに、自然権というパラダイムが考えだされたのだった。ホッブズは「自然の権利とは、各人が、彼自身の自然すなわち彼自身の生命を維持するために、彼の欲するままに自己の力を用いるという、各人のもつ自由である。したがって、彼の判断を理性において、そのためにもっとも適当な手段だと思われるあらゆることを行なう自由である(6)」、と定義した。ロックは、「すべての人は自分自身を保全すべきであり、気ままにその地位を捨ててはならないのだが、それと同じ理由によって、自分自身の保全が脅かされないかぎり、できるだけ他の人びとをも保全すべきである」[7]、とし、「人間は生れながらにして、他のどんな人間とも平等に、すなわち世界中の数多くの人間と平等に、完全な自由を所有し、自然の法の定めるすべての権利と特権を、抑圧されずに享受する資格を与えられている。したがって人間は、自分の所有物、すなわち、生命、自由、資産を、他人の侵害や攻撃から守るための権力[8]」をもつのである。国家はひとびとの所有権を保全するのが、任務である。[9] ペイン（Thomas Paine, 1737–1809）は、「自然権とは、生存しているとの理由で人間に属する権利のことなのであって、この種の権利としては、すべての知的権利ないし精神の持つ権利があり、また他人の持つ自然権を侵害しないで、自分自身の慰めと幸福とを求めて個人として行動するすべての権利が挙げられる[10]」、とのべた。ペインはこれとの対比で、市民権を社会の一員であるという理由で人間に属している権利という。しかし、この市民権はすべて、自然権に基礎をおくのである。自然権は、無条件的で不可譲なある種の権利が存在し、ひとは生まれながらにそれを所持しているとの命題に集約できる。[11] そして、現代にあっては、カナダの政治理論家マクファーソン（C. B. Macpherson, 1911–87）が以上のような自然権パラダイムを所有権的個人主義として定式化するのであった。

マクファーソンのいう所有権的個人主義は、以下の構成をもつのである。すなわち、①人間を人間的たらしめるところのものは、他人たちの意思への依存性からの自由である。②他人たちへの依存性からの自由は、個人が自分自身の利益になると見込んで自発的に入りこむ諸関係をのぞいて、他人たちとのどんな関係からも自由であることを意味する。③個人は本質的に自分自身の身体と諸能力との所有者であって、それらに大事な何ものをも社会に負っていない。④個人は彼自身の身体に対する所有権を譲渡することはできないけれども、労働によってえたものや労働力を譲渡することはできる。⑤政治社会は個々人の所有を保護するために成立している。[12] このように人権は、当初は自然権として、生得的、絶対的、普遍的な権利を各人が所有するものとして考えだされたのだった。[13] その際、国家からの自由を最高の目的にさだめていたので、自由権としてまず確立されたのであった。ところで、現代にあって、法哲学の観点からハート（Herbert Adolphus Hart, 1907–93）が、自然権を自由であることに対しての万人の平等な権利として記述している。万人は人間であるかぎりにおいて所有するものであると肯定的にとらえるのである。[14] さらに、シュトラウスも自然権の必要性は明白であって、それを否定するものは権利は実定的でなければならないことを意味し、権利そのものが立法者や法廷での決定に全面的に委ねられてしまうことに懸念を表明している。[15] このように、最近の政治哲学分野で注目される傾向としては、自然権パラダイムの現代的意義の再生なり再確認のこころみが確実にみられるということなのである。

社会権

二〇世紀的な権利として、社会権（的基本権）が登場してくる。これは、ひとびとの平等へのあくなき希求から人権として確定されてきたのである。自然権パラダイムは、国家からの干渉を強く嫌悪するという意味で、消極的権利論である。[16] 市場経済が社会的配分機能をはたしつづけるかぎりでは、自然権パラダイムは有効でありつづける。しかし、高度に資本主義が発達するにつれて、社会問題の解決に国家が積極的にかかわっていくべきであるとする福祉国家論が要請された。これに呼応して、権利観にも変化がみられてくる。たとえば、「収入に対しての権利」である。[17] それは、失業者や老齢者などが国家から保険金を受給する資格である。その権利は、自然権論からはけっして演繹されないものである。ひとびとは、「排除されない権利としての所有権」をもつようになるのである。つまり、それは社会的資源・価値の配分にあずかることを排除されない権利であり、資本や労働へのアクセスを排除されない権利である。[18] このような権利は、積極的権利といえよう。この権利は他者の行為を排除するのではなくて、他者の行為を要求するのである。この権利は、必要だと考えるならば、干渉であろうと制限であろうと要求していくものである。[19]

このような自由権と平等権との関係を、ルーマン（Niklas Luhmann, 1927–98）は以下のように整理している。すなわち、「諸々の自由権は市民の行為の権利を定式化したものである。諸々の自由権は、個々人の行為が誤って統制されることのうちに直接的な危険をみるものであり、それゆえに国家に対し市民の自由の領域を尊重し保護すべく義務づける。市民の権利こそ第一の法益である。国家はまさに市民のために義務づけられるのである。これと平等権とは反対の関係になっている。平等権の準拠問題は、直接的には国家の行為であって、市民はこのような秩序利益の反射として、第二次的に、国家の第一義的義務をコントロールしそれにサンクションを与えることのできる主観的権利として平等権を手にするにすぎない。基本権につなぎとめられている市民の意思力は、この平等権の場合にはそれゆえただ法律的な意義を有するにすぎず、市民自身の事実的な行為を導くという意義を有しているわけではない。成程、これら自由権と平等権のいずれの場合においても権利と義務とが正確に対応してはいる。だが当為内容の規制関心と定式化とは、自由権の場合には市民の権利に置かれているが、平等権の場合には国家の義務に置かれているのである」[20]、と。

社会権は福祉権として、言い換えてもいいであろう。福祉権は、生命という財産に対しての請求権である[21]。福祉権は、国家の社会的サービス（行為）を要求するのである[22]。このような権利はそもそも個人によってなされた社会への貢献に対してのみかえりとして、社会共同体より各種のサービスをえることが正当化されるのである[23]。また、それはひとびとが社会的に相互依存関係にあるのであり、社会成員の資格それ自体が保護を受ける権利を承認すべきであるとの考え方にも基づく[24]。このような、社会的相互依存関係や社会的サービスの提供という理論は、フランスの公共サービス学派の主唱者デュギーの主張と近似している[25]。平等権や福祉権により、ひとびとの連帯、友愛、が緊密化していく。社会にあって不平等や格差が存在していれば、結局革命や社会変動にまでつながっていってしまう。これを防止するために、平等権の保障という論理的要請は有効的なものなのである。

2 シティズンシップ論

自由の原理と平等の原理とは、厳密にいえば相互に対立ならびに緊張関係にある。自由になればなるほど、人間は不平等になる。逆に、人間が平等化されればされるほど、自由が制限されていく。[26] このような矛盾をどのように打開すればよいのであろうか。われわれは、〝シティズンシップ〟(citizenship) の概念を利用して自由と平等の権利の融和をはかりたい。シティズンシップの観念は、マーシャル (Thomas Humphrey Marshall, 1893-1981) により提起された。彼によれば、シティズンシップとはある共同社会の完全な成員であるひとびとにあたえられた地位なり、身分ということである。シティズンシップは、三要素から構成されている。つまり、①市民的要素、②政治的要素、③社会的要素である。①市民的要素は、個人の自由のために必要とされる諸権利から成り立っている。人身の自由・思想言論の自由・財産権などである。②政治的要素とは、政治団体（国家・政治体制）の成立とともに、政治権力の行使に参加していく権利である。③社会的要素とは、福祉権・社会権である。[27] そして、シティズンシップをもつものはすべて権利と義務において平等である。[28] マーシャルの理解では、一八世紀は市民的権利、一九世紀は政治的権利、二〇世紀は社会的権利がそれぞれ誕生したという。彼は、時代の推移につれて、階級的不平等が解消されてきたのを確信したのだった。このように権利の発展図式を描いてみせる点で、マーシャルのシティズンシップ論は優れているのである。ところで、われわれが社会的に存在しつづけるにあたっては、種々の権利を所持しそれらを行使していくことがぜひとも必要となってくる。自由権と平等権とは対立的なものではなく、それらを併用していくことで、はじめてわれわれの社会的な存在性が意味をもってくるのである。価値の世界では自由と平等とは対立関係にあるが、実在の世界では自由と平等とがあいまって個人の社会的な存在性を保障していくことができるのである。そこで、すべての権利を総合したものとして、あるいは包括的な権利観念として〝シティズンシップ〟をとらえることとしたい。とすると、シティズンシップには、①自由権、②社会権、③政治的権利、など先人たちの努力によってすでに獲得してきた諸権利のほかに、④環境権、⑤情報公開／開示請求権、⑥プライバシー保護権、⑦学習権、⑧平和希求権、などわれわれが切実なものとして痛感する諸要求も現代的な権利としてすべて含まれることになるであろう。シティズンシップはいままでわれわれが獲得してきた人権のほかに、現在および将来にわたって派生してくるあらたな権利をも包含していく幅広い観念である。その意味で、シティズンシップは可変的かつ拡幅的な権利概念なのである。

現代にあって、実定法上規定がないから権利を認めない、とか、公共の利益の名のもとに（私）権利の制限がおこなわれてもやぶさかでない、とかの議論がしばしばみうけられる。しかし、政治哲学史をふりかえったときに、権利ははじめから法律上規定されていたのでは断じてなかった。また、権力の干渉を無条件に受け容れてきたのでもない。今日確定している権利のほとんどは、先人たちの権利獲得のたゆまざる闘争を通して結実したものである。われわれは、この権利獲得の歴史を忘れてはならないであろう。本来、権利とは、ひとびとの経験にてらして切実な要望として提起されたことがらが、社会的な認知を承け、そして法的制度的に保障されていったものである。権利は、ひとびとの権利（実現）へのあくなき希求こそに基づくものなのである。そしてまた、ヘッフェの指摘するとおり、権利は何よりも政治権力の不当な行使に対してのひとびとの防衛線であった。権力の越権行為に対して批判的な修正策を提示できるのも、われわれに人権の保持が認められているからなのである(29)。

われわれは、総合的な権利体系である〝シティズンシップ〟の構造を次頁の図10のようにとらえたい。権利は、対国家・対政治権力という観点から位置付けられ、また理解される。権利がいったん制度化、保障化されると、ひとびとはその権利をいかに享受するのかにのみ関心を寄せがちである。権利意識の高揚は、けっして悪いことではない。しかし、権利は静態的なものとしてのみとらえるのは妥当ではない。むしろそうではなく、国家権力と市民の人権との対抗・緊張関係という観点から、はじめて権利が重要な意味をもっているのが了解されてくる。すなわち、諸権利の根幹には、それらの権利を蹂躙しようとする圧制政府に対しての抵抗権が底礎されているのである。この点を確認するかしないかでは、人権の捉え方がまったく違ってくる。支配者に対して、われわれが抵抗権を担保しているからこそ、さまざまな権利が意味をもち、制度的に認められるようになり、保障されたのである。もし抵抗権が留保されていなければ、権利などじつ

シティズンシップ		
基本権・人権	〈福祉権〉	年金受給権 生活援助を受ける権利 医療サービスを受ける権利等
	〈社会権〉	教育権・環境権 労働権・平和希求権 平等権　等
	〈公民権〉	法の前の平等・請願権 選挙権・被選挙権 知る権利　等
	〈自由権〉	良心の自由・学問の自由 言葉の自由・移転の自由 集会結社の自由　等
緊急的公民権	政治的不服従権	
	抵　抗　権	

図10　シティズンシップの構造

に空虚なものとなってしまうであろう。権利は、けっして国家権力がひとびとに対してあたえたものではない。権利は、人権闘争の結果獲得したのであり、ひとびとが今後ともこれらを擁護し、発展させていくべき性質をもつものである。その意味で、われわれは〝権利への闘争〟の真っ只中にあるといってもよいであろう。

日常的に、権利といわれるものは、国家からの干渉を受けなかったり、あるいは政府からのサービスを享受したりすることによって実感としてとらえることのできるものである。このように憲法をはじめとして法的に規定されている権利は顕在的権利といえよう。しかし、権利はそれだけではない。圧制に対しての集団的自衛権としての抵抗権をも権利として認めていかねばならない。抵抗権や政治的不服従権はある限定された政治的状況のもとで行使されるという意味で、潜在的権利といえよう。抵抗権は人権の一部として首肯できるものである。抵抗権が潜在的に存在していればこそ、政治的認証論が有効性をもつことができるのである。また、権利への制限や侵害にあたっての緊急避難権がひとびとに担保されていればこそ、顕在的権利が意味をもってくるのである。もし、いささかなりとも権利の制限がおこなわれるとしたら、それがなぜ必要であるのかの理由明示の義務が権力（者）側に課せられるのである。政治哲学史をふりかえってみたとき、政治哲学者たちは諸権利を獲得、擁護、さらに発展させていくことを目的に定め、そのための議論を繰り広げてきたのである。われわれは政治哲学者たちの所説を検討することで、権利の重みを知ることができよう。われわれは先人が獲得した諸権利をたんに政治的宣言なり政治的文言として保持するだけでは不十分である。そうではなく、諸権利をさらに充実・発展させていく義務をわれわれが負っているのを自覚しなければならない。権利を擁護しつづけるのもなおさらのこと、さらに拡充していくことの努力をわれわれは怠ってはならないのである。

(1) ラスキ『政治学大綱（上）』一四〇頁。
(2) リンゼイ『現代民主主義国家』一二一―一二三頁。
(3) トックヴィル『アメリカの民主政治（中）』一四四頁。
(4) ギールケ（阪本仁作訳）『中世の政治理論』（ミネルヴァ書房、一九八五年）一一三―一一四頁。
(5) ベンディクス（河合秀和訳）『国民国家と市民的権利（一）』（岩波書店、一九八六年）九一―九二頁。
(6) ホッブズ（水田・田中訳）『リヴァイアサン』七頁。
(7) ロック『統治論』一九六頁。
(8) 同上二四五頁。

(9) 同上二七一頁。
(10) ペイン（西川正身訳）『人間の権利』（岩波文庫、一九八〇年）七〇頁。
(11) プラムナッツ（森本哲夫・万田悦生訳）『政治理論とことば』（昭和堂、一九八八年）一一九頁。
(12) マクファーソン（藤野渉他訳）『所有的個人主義の政治理論』（合同出版、一九八〇年）二九七―二九八頁。
(13) フリーデン（玉木秀敏・平井亮輔訳）『権利』（昭和堂、一九九二年）四四―四五頁。
(14) ハート（小林公・森村進訳）『権利・功利・自由』（木鐸社、一九九二年）一〇頁。
(15) シュトラウス『自然権と歴史』五―六頁。
(16) フリーデン『前掲書』七一―七二頁。
(17) マクファーソン『民主主義論』二一七頁。
(18) 同上二二五頁。
(19) フリーデン『前掲書』九三頁。
(20) ルーマン（今井弘道・大野達司訳）『制度としての基本権』（木鐸社、一九八九年）二七四―二七五頁。
(21) フリーデン『前掲書』八四頁。
(22) 同上八八頁。
(23) 同上一三〇頁。
(24) 同上九三―九四頁。
(25) 拙著『フランスの社会連帯主義』九一―一九七頁。
(26) ライプホルツ（阿部照哉他訳）『現代民主主義の構造問題』（木鐸社、一九七四年）八一頁。
(27) マーシャル（岩崎信彦・中村健吾訳）『シティズンシップと社会階級』（法律文化社、一九九三年）一五―一六頁。
(28) 同上三七頁。
(29) ヘッフェ『倫理・政治的ディスクール』九二―九三頁。拙著『政治学原論序説』六三―六六頁。

14　公共性

1　前　提

一九九〇年代以降、公共性に関する議論が刮目された。その理由としては、第一に、ネオ・リベラリズムの台頭により、自己責任の原則や国家サービスの縮減などの動きが加速し、国家と社会（市場社会）の見直しがもくろまれた点である。第二に、公共的なるものが国家独占でありうるのかいなかという点である。第三に、自由民主主義体制の担い手である市民の役割や任務などを再考する点などがあげられる。日本の社会科学にあっては、公共の福祉論や公益論への懐疑、公─私論、正義論などの再検討という課題なども、公共性論と関連して究明されている。

政治哲学分野にあっては、ハーバーマスやアレント（Hannah Arendt, 1906-75）の議論によって、公共性論が誘因された。アレントは、『人間の条件』（一九五八年）で、公的領域──共通なるもの──の特色を「第一にそれは、公に現われるものはすべて、万人にとって見られ、聞かれ、可能な限り最も広く公示されるということを意味する」[1]、「第二に……世界そのものを意味している」[2]、と論ずる。しかしながら、「人びとの介在者であるべき世界が、人びとを結集させる力を失い、人びとを関係させると同時に分離するそり力を失っているという事実」[3]が、大衆社会にある。「他人にたいする『客観的』関係や、他人によって保証されているリアリティがこのように奪われているので、孤独の大衆現象が現われている。大衆社会では、孤独は最も極端で、最も反人間的な形式をとっている。なぜ極端であるかといえば、大衆社会は、ただ公的領域ばかりではなく、私的領域をも破壊し、人びとから、世界における自分の場所ばかりでなく、私的な家庭まで奪っているからである」[4]、と考察した。

これに対して、ハーバーマスは『公共性の構造転換』（一九六二年）にあって、以下のように究明している。「市民的公共性のモデルは公的領域と私的領域とのきびしい分離を基準にしており、そのさい、公衆として集合した私人たちの公共性は、国家を社会の要請と媒介しながらも、それ自身は私的（民間）領域に属していた。しかし公的領域と私的領域の交錯が加わるにつれて、このモデルはもう適用されなくなる。すなわちそこには、社会学的にも法律学的にも公私のカテゴリーには包摂しきれない特殊な、再政治化された社会圏が成立している。この中間領域では、社会の国家化された領域と国家の社会化された領域とが、政治的議論をする私人たちによる媒介なしに浸透し合う」[5]、と。さらに、彼は、「現実においては、無産者大衆が政治的公共性を占領したために、国家と社会との交錯が始まり、これが公共性からもとの基盤を奪い去りながら、しかもまだ新しい基盤を与えずにいるのである。すなわち、公的領域と私的領域との統合同化に対応して、かつて国家と社会を媒介していた公共性は解体した(6)」、と主張した。

かつて、リップマン（Walter Lippmann, 1889–1974）は公共の利益に関して分析していた。彼に従えば、公共の哲学は自然法である。この前提にたって、西欧社会の政治制度が構築されてきたのであるし、またよりよく理解できる(7)。彼は、「西欧世界の自由な政治制度は、人類の共通の経験を真面目に反省すれば、人々は必ず同じ究極的な結論に到達せざるを得ないであろうと信じた人々によって、構想され設立されたものである(8)」とする。しかし、二〇世紀になると公共の哲学は、衰微していく。リップマンは公共の哲学の復権をはからなければならないと主張した。そもそも、公共の哲学には、「自由に語る権利の中に含まれている義務の意義である。それは、言説を批判と討論に委ねるべき義務である。弁証法的な討論は道徳的及び政治的原理に到達するための一つの手続きなのであるから、語る権利は、進んで討論することによって保護されるのである(9)」。さらに、「言論自由の原理は私有財産の原理と同じく、公共の哲学の埒内に包含されるということを見出す。それは、真面目な質疑と合理的な討論によって、真と偽、正と邪を見分け、人間的諸目的の実現に導く善と、公民道の破壊と死に導く悪とを識別することが、その中で可能であるところの物事の合理的な秩序が存在するという命題を、信奉することによってのみ、多元的社会において正当化され、適用され、調整されることができる(10)」、とリップマンは分析するのであった。

2　国家と市民社会

ヨーロッパ・モデルでは、一七―一八世紀にあって、市民社会が成立した。政治的な主体は、いわゆる「市民」（階級）であった。市民とは、所有権を基盤にもち自立（自律）しており、積極的に統治に関与していく存在であった（社会契約論を想起）。やがて、資本主義の発達につれて、市民はあくなき私益の追求に及び、市民社会は欲望の体系として位置付けられた。市民社会に対峙する国家は、機能としては消極国家（夜警国家）、規模としては最小国家、価値としては必要悪として評価された。その後、国家は積極、最大、必要なる存在として市民社会において役割をはたしていく。ここにおいて、公共性、公益、公権力を国家が排他的に独占するにいたった。そして、国家のみが公共性をもつ唯一の存在であるのか、市民社会との関係とはいかに解するのか、そのサービス機能をいかに展開していくのかなどの疑念が差し向けられる。

公共性とは、いかなる歴史的概念であろうか。簡略にまとめてしまえば、パブリック、あるいは公私の関係については、古代ギリシャにあっては、ポリスとオイコスとの対立図式があり、積極的に公的領域で活動し、ポリス的市民たることが理想とされた。中世にあっては、トマス・アキナスにみられるように、公共の福祉や公益は個に対する全体の優位、かつ重視とされた。つづく、絶対主義期にあっては、公共の福祉は君主の支配の正当性のイデオロギーであったし、啓蒙専制君主期では公共の福祉への献身が君主の義務であった。啓蒙思想家たちは、公共性に関してどのような認識を示したのであろうか。個人の利益の追求のみにあずかっていたのであろうか。社会契約論にあって、公と私との関係、公共的領域への私人＝市民の参加について、どのよう考察されたのであろうか。

ロックは『統治論』にあって、「人々は、彼らが社会を取結ぶや、自然状態において彼らがもっていた平等自由および執行権を社会の手に委ねる。このようにしてそれは社会公共の福祉に適うように立法権によって処置されるようになるのである(11)」、「人民の平和安全および公共の福祉の目的だけに向けられるべきである(12)」、とし、公共性・公共の福祉を達成すべきであることを説いていた。ルソーは『不平等起原論』にあって、「人間の魂の最初のもっとも単純なはたらきについて省察してみると、私はそこに理性に先だつ二つの原理が認められるように思う。その一つはわれわれの安寧と自己保存について、熱烈な関心をわれわれにもたせるものであり、もう一つはあらゆる感性的存在、主としてわれわれの同胞が滅び、または苦しむのを見ることに、自然な嫌悪を起させるものである。……右の二つの原理を、われわれの精神が協力させせたり、組み合せたり、できることから、自然法のすべての規則が生じてくるように思われる(13)」、「憐れみの情……それは人間が用いるあらゆる反省に先立つものであるだけにいっそう普遍的なまたそれだけに人間にとって有用な徳である(14)」、などと論じており、公共の福祉の実現にあたって一般意志＝立法を重視しているし、社会における相互間にあっては憐愍《れんびん》の情がなければならないことを強調していた。

スコットランド啓蒙思想家であるアダム・スミスは、私的領域にあっては私人の欲望と行為が神のみえざる手によって導かれるとする予定調和論を説いた。しかし、道徳的な前提を設けていたことに、留意しなければならない。いわゆる、同感理論である。スミスは『道徳感情論』（一七五九年）にあって、

人間がどんなに利己的なものと想定されうるにしても、あきらかにかれの本性のなかには、いくつかの原理があって、それらは、かれに他の人びとの運不運に関心をもたせ、かれらの幸福を、それを見る喜びのほかにはなにも、かれはそれからひきださないのに、またかれにとって必要なものたらしめるのである。この種類に属するのは、哀れみまたは同情なのであって、それはわれわれが、他の人びとの悲惨を見るか、たいへんいきいきとしたやり方で、それを考えさせられるかするときに、それにたいして感じる情動である。(15)

他の人びとのために多くを感じ、自分たちのためにはわずかしか感じないこと、われわれの利己的な意向を抑制し、われわれの慈愛的な意向を放任することが、人間本性の完成を形づくり、そのことだけが人類のなかに、かれらの品位と適宜性との全体がそこにあるところの、諸感情と諸情念との調和を、生みだしうるのである。(16)

人間社会の全成員は、相互の援助を必要としているし、同様に相互の侵害にさらされている。その必要な援助が、愛情から、感謝から、友情と尊敬から、相互に提供されるばあいは、その社会は繁栄し、そして幸福である。それのさまざまな成員のすべてが、愛情と愛着という快適なきずなで、むすびあわされ、いわば、相互的善行というひとつの共通の中心にひきよせられているのである。(17)

などと論じていた。

産業社会化がすすみ、労働問題や社会政策が政治的課題になると、自由主義の系譜にあって功利主義が登場する。ベンサムの最大多数の最大幸福論である。彼は、『道徳および立法の諸原理』にあって、「功利性の原理とは、その利益が問題となっている人々の幸福を増大させるように見えるか、それとも減少させるように見えるかの傾向によって、または同じことを別のことばで言いかえただけであるが、その幸福を促進するようにみえるか、それともその幸福に対立するようにみえるかによって、すべての行為を是認し、または否認する原理を意味する。……それは一個人のすべての行為だけではなく、政府のすべての政策をも含むのである(18)」、とし、また、「最大多数の最大幸福……それは、その利益が問題となっているすべての人々の最大幸福を、人間の行為の、すなわちあらゆる状況のもとにおける人間の行為と、特殊な場合には権力を行使する一人または一組の官吏の行為の、唯一の正しく適切で、普遍的に望ましい目的である(19)」、と論じた。このように、市民社会の領域にあって、公共性や福祉が注目されてきたのが理解できよう。現代にあって、市民社会におけるひとびとの積極的な活動に期待がかかる。つまり、市民相互間における議論、協力、参加、扶助であり、究極的にはコミュニティーの再興・活性化である。

3　社会連帯

フランスにおける社会連帯概念に注目すべきであろう。たとえば、市井の社会学者コントはひとびとの社会的紐帯を重視する。フランス革命以後政治体制が不安定である原因は、第一に形而上学概念（人民主権／人権／自由・平等・友愛）に振り回されているからである。第二に社会における絆の崩壊にある。コントは、ひとびとは権利を主張し、そこに権利と権利との衝突がみられるのが、最大の問題であると考究した。そこで、コントは、個人の他者に対する社会的義務、個人の社会に対する社会的責務をはたしていくことによって、社会の紐帯が強くなることを説いた。現代フランス社会学の鼻祖デュルケームもまた、連帯を重視した。社会における欲望を道徳によって規制することで、良好な連帯社会が到来すると考察した。さらに、憲法学・政治学者のデュギーは社会におけるひとびとの相互依存関係を重視した。社会連帯におけるひとびとの意識が国家・政府の法律や政策をうちだす基盤になることを主張した。つまり、社会連帯（私的領域）が国家・政府・法律を規制、規律するモデルを構想していた。公共領域は、けっして国家や政府の独占ではないのを明確化したのである。さらに、〈連帯社会⇓国際連帯社会〉と発展していき、社会連帯論が国際法、平和の実現への道筋をつけているのも看過すべきではない。

連帯に関しては、ハーバーマスが示唆的な発言をしている。彼は、「個々人を平等に取り扱うことを補完する観点は、慈愛ではなく、連帯である。この原則は、人は他者に対して責任をもたなればならない、という経験に根ざしている[20]」、また、「義務論的に捉えられた正義（公正さ）はそのペアとして連帯を要求する[21]」、そして、「連帯は間主観的に共有された生活形態のなかで結びついた仲間の福祉を目指しているし、したがって、この生活形態自体の持続的な尊重を目指している[22]」のである。結論として、ハーバーマスは、「ポスト慣習的な正義（公正さ）は、連帯が普遍的討議による意志形成という理念に照らして構成されるとき、そのとき初めて正義とのペアとして一つにまとまることができる。確かに、すべての道徳の中心となる平等な取り扱い、連帯、公共の福祉といった基本概念は、既に前近代社会においても、各人のコミュニケーション的日常実践がもつ対称性の条件と相互期待との中に組みこまれていたし、しかも、コミュニケーション的行為が前提とする普遍的・必然的語用論の形式にも組みこまれていた[23]」と論じた。

公共的空間、公的領域、公共性を考察するにあたって、多大な教示を社会連帯理論はあたえてくれる。とくに、国家や市場の失敗を経験したわれわれにとって。

4　公共の利益

現代にあって公共の利益論がいくどとなく議論されてきた。なかなかもって、なやましい問題である。そもそも、政治的空間にあって、真の利益とはいかなるものであるのか、公共の利益が絶対的な価値といえるのか、一部の構成員に過度の負担をかけてよいのか、受忍限度なるものは質的にも数量的にも確固たる基準となりうるのか、などの疑念がたえずむけられる。公共の利益・福祉は、そもそも矛盾を含む概念なのである。

公共性をどのように解するのかに関しては、以下の立場がある。（a）国家は、公（的）権力、国家の公共事業、国家の公益性などの表現にみられるように、国家のみが排他的に公共的性質を帯びてきた。公共の福祉は、国家のみが確保しえるものである。国家重視の観点である。（b）市民間の連帯や市民の共同性に公共性を認めていこうとする。（市民）社会重視の観点である。さらに、中間領域には、（c）福祉国家における福祉政策や福祉サービスを公共性をもつものとして理解する立場である。国家と社会との融合の観点とでもいえようか。

公共の福祉といった場合には、基本的人権の尊重と公共の利益の確保という二律背反をかかえこむ。さらに、公共の福祉概念の曖昧さ、明確な基準の欠如、政治的な利用などの課題も付随してくる。

〈福祉〉とは、well being の意であり、よりよき状態であり、それはきわめて主観的なものである。古代にあっては、ポリスにおける公共善や市民の幸福を意味していた。中世にあっては、神による救済、神の恩寵、神の前の平等などとして位置付けられた。近代にあっては、啓蒙君主によるよき統治、市民社会における救貧法・社会立法として展開をみせた。現代にあっては、資本主義社会における社会・福祉政策・福祉サービスそのものとなる。

第二次大戦後、政府の責任は、（a）市場に介入し完全雇用を維持すること、（b）福祉システムを構築すること、（c）経済的社会的平等を実現すること、（d）公共政策の目的は福祉を最大化すること、（e）市民権を確立することにおかれた。思想的には、新自由主義（new liberalism）であるホッブハウスによって理論付けた。自由と平等との融和をはかるために国家の積極的な機能を重視するのである。ホッブハウス以前の先駆者としては、ベンサムの功利論、グリーンの国家障害除去論、リッチー（David Richie, 1853-1903）の国家干渉論などがあった。このように、個人主義や自由主義思想的系譜から、福祉国家、福祉サービスが明確化されたわけである。その時代時代に、それぞれの福祉問題を、当面して解決していくのが社会福祉政策であった。福祉なり公共性などについて、理論化することなく、いわば便宜的に取り上げてきた。それだけに、概念の不明確さのそしりは、まぬかれないのである。バリー（Norman Barry, 1933-）の指摘するように、「福祉国家問題の核心は、何を優先事項にすべきかについて合意が欠如している」[24]点である。その一方で、福祉が、社会正義と結びつけられる傾向がでてきた。国家が福祉に政策履行に全責任を負わなければならないという理解も広がっていった。マーシャルが「福祉は幸福と同一視しえない。……というのも幸福とはあまりに主観的過ぎる概念であるからである。福祉サービスは人々を幸福にすることとして乗り出すことはできない」[25]という指摘は重要である。また、「国民的富は、国民的福祉の物質的源泉である」[26]。福祉政策には、当初の段階から曖昧さが付きまとっているし、福祉が幸福を招くものとは限らないし、そもその体系化が困難であるし、基準すら定められえないのであった。

さらに国家が福祉を担うようになり、また担うべく期待されるや福祉概念の広義性（社会保障や医療保障のみならず介護や文化、教育まで幅広くとらえられる）や多義性がみられた。しかし、経済成長＝財政収支の拡大により福祉政策が着実にうたれた段階から、低成長＝財政収支の悪化を招くや福祉国家路線の修正と自己責任論が叫ばれた。ここにおいて、公的領域と私的領域とをめぐる再検討が課題となった。将来的には、福祉国家路線と福祉社会（連帯・相互扶助・ボランティア・コミュニティーの復権）路線との協働により、福祉の具体化がすすめられていかなければならない。

5　公開性

アレントやハーバーマスらは、公開性や討議により市民社会の再興を意図している。彼らの議論の背景には、カントの公開性の議論がある。ちなみに、カントは、「法学者たちが一般に考えている公法の一切の実質（国家内における人間の間の、また諸国家相互の間の、経験的に与えられたさまざまな関係にかんする）を私がすべて捨象しても、なお公表性という形式が残るのであって、そのような法的要求でも、それが公表される可能性をみずからのうちに含んでいる。というのも、それを欠くといかなる正義も存在しないし（正義はただ公けに知られるものとしてのみ、考えられることができる）、したがって正義によってのみ認可される法もまた、存在しないことになるからである[27]」、と述べて、あらゆることが公開されるべきであり、それが正義であると理解した。そのうえで、彼は、二つの命題を導出する。第一は、「他人の権利に関係する行為で、その格率が公表性と一致しないものは、すべて不正である[28]」、第二は、「公表性を必要とするすべての格率は、法と政治の双方に合致する[29]」ということである。

ヘーゲルは、「形式的主体性とは、個々人が個々人として普遍的要件たる公事にかんして自分自身の判断と意見と提言をもち、そしてこれを発表するということである。この形式的主体的自由は、世論と呼ばれる総括的なかたちをとって現象する。世論においては、即自かつ対自的に普遍的なもの、実体的にして真なるものが、その反対のものと、すなわち多くの人々の私見というそれ自身としては個人独自の特殊的なものと結びついている。だから現実に現われた世論は、それ自身の現存する矛盾、現象としての認識であり、その本質性は非本質性とまったく同様に直接的である[30]」、と論ずる。つまり、いわゆる自立し主体性をもつ市民により、議論がかわされるのを考えていた。ヘーゲルは、世論を「今日効力をもつとされるものは、もはや権力によって効力力をもつのではなく、また習慣や習俗によって効力をもつのでもなく、実に識見と根拠によって効力をもつのである」[31]、と考察している。

法哲学者ケルゼンは、民主主義に関して以下のような見方を提示する。まず、「国民とは、凝集した一体ではなく、民族的・宗教的・経済的対立によって分裂した、諸集団の束に他ならない。国民の一体性とは、せいぜい倫理政治的要請にすぎない。しかしなお、国民が支配するためには、統一的な国民意志の存在がどうしても仮定されなければならない」[32]、という。そこにおいて、「万人平等の原則は、可能な限りの平準化に転化する。全国民があらゆる任意の国務に平等の適性をもつという独断的前提は、遂には全国民を諸国務に適性をもたせるという単なる可能性に転化する」[33]、と考察している。ルソーの一般意志論と同様にケルゼンは、「多数決原理の根拠をなすのは、この自由の観念であって、平等の観念ではない。……平等であるということは単なる比喩に過ぎず、人間の意志や人格が有効に計測され、足し算によって集計されうるものであることを意味するものではない」[34]のである。また「合理的に多数決原理を導き出しうる根拠はただ万人が自由であることが不可能であるとすれば、可能な限り多数の人間が自由であるべきだ。即ち社会秩序の一般意志と自己の意志とが矛盾するような人間の数を可能な限り少くすべきだという思想である」[35]、と洞察している。

ハーバーマスは、このような議論を敷衍して、討論の重要性を以下のように要約した。

現代の市民社会は、……その制度的核心をなすのは、自由意志にもとづく、非国家的・非経済的な共同決定および連帯的結合であり、これらの決定と連帯的結合によって公共圏のコミュニケーション構造は生活世界の社会的構成要素に根をもつことになる。いずれにせよ自生的に成立した団体・組織、運動は、社会的問題状況について私的生活領域のなかに存在する共感を取り上げ、集約し、増幅して政治的公共圏へと流し込むのであるが、このような団体・組織・運動によって市民社会は成り立っているのである。市民社会の核心をなすのは、成立した公共圏の枠内で一般的関心を引く問題のために問題解決討議を制度化する、連帯的結合にかんする制度である。(36)

自由な状態にあって、対話が可能となり、政治的意志が形成される。同様な理解はギデンズにあってもみられるのであって、「民主主義体制は、さまざまな争点についての自由な意見交換の場――話しあいのための公共的空間――をしつらえることにより、独裁的な力と、伝統を保守しようとする力を抑えこもうとする(37)」、という政治的効果がある。

（1）　アレント（志水速雄訳）『人間の条件』（筑摩書房、一九九四年）七五頁。
（2）　同上七八頁。
（3）　同上七九頁。
（4）　同上八四頁。
（5）　ハーバーマス（細谷貞夫・山田正行訳）『公共性の構造転換』（未來社、一九九四年）二三二頁。

(6) 同上二二三頁。
(7) リップマン（矢部貞治訳）『公共の哲学』（時事通信社、一九五七年）一三四頁。
(8) 同上一七九頁。
(9) 同上一六九―一七〇頁。
(10) 同上一七九頁。
(11) ロック（鵜飼信成訳）『市民政府論』（岩波書店、一九六八年）一三一頁。
(12) 同上一三二頁。
(13) ルソー『人間不平等起原論』三〇―三一頁。
(14) 同上七一頁。ルソーは一方で、公共論に潜む危険性を指摘する。「公共の利益 bien public という口実は、常に人民にとって最も危険な災難である。」「公共の利益、臣下の幸福、これは閣議から永久に閉め出された言葉である。……人民は首長たちが自らの家父長的な配慮について話し出すとき、前もって呻ぎ声を上げるほどである。」（同上三五頁）、と。
(15) スミス（水田洋訳）『道徳感情論』（筑摩書房、一九七三年）五頁。
(16) 同上三二頁。
(17) 同上一三四頁。
(18) ベンサム（山下重一訳）「道徳および立法の諸原理序説」関嘉彦責任編集『世界の名著38　ベンサム　J・Sミル』（中央公論社、一九六七年）九二頁。
(19) 同上九二頁。
(20) ハーバーマス（清水多吉・朝倉輝一訳）『討議倫理』（法政大学出版局、二〇〇五年）七六頁。
(21) 同上七六頁。
(22) 同上七六頁。
(23) 同上七七頁。

(24)　バリー（斉藤俊明他訳）『福祉』（昭和堂、二〇〇四年）一六四頁。
(25)　マーシャル（岡田藤太郎訳）『福祉国家・福祉社会の基礎理論』（相川書房、一九八九年）一四五頁。
(26)　バリー『前掲所』一六六頁。
(27)　カント（宇都宮芳明訳）『永遠平和のために』（岩波書店、一九八五年）九〇頁。
(28)　同上一〇〇頁。
(29)　同上一一〇頁。
(30)　ヘーゲル（藤野渉・赤沢正敏訳）「法の哲学」『世界の名著44　ヘーゲル』（中央公論社、一九七八年）五七二―五七三頁。
(31)　同上五七三頁。
(32)　ケルゼン（西島芳二訳）『デモクラシーの本質と価値』（岩波書店、一九六六年）三〇頁。
(33)　同上三五頁。
(34)　同上一〇頁。
(35)　同上一一頁。
(36)　ハーバーマス（河上倫逸・耳野健二訳）『事実性と妥当性（下）』（未來社、二〇〇三年）九七頁。
(37)　ギデンズ（佐和隆光訳）『暴走する世界』（ダイヤモンド社、二〇〇一年）一二八頁。

15 文化

1 政治的統合

政治は、ひとびとをいかにして統合させるのかに尽きる。統合手段として、文化や宗教が多用される。政治と文化・宗教とのかかわりを整理しておこう。

デュヴェルジェにしたがえば、文化とは「ある社会を特徴づける技術、制度、行動様式、生活様式、習慣、集合表象、信条、価値の統一体である[1]」。さらに、「文化は歴史の所産で、現在のなかに過去の重みが持ちこまれている。……国民は、最も明確な文化的統一体である[2]」し、「人間はその過去によって限定されるものであり、また人間はどんな時も彼の過去の総和、いやそれ以上に、彼の過去と信ずるものの総和である。それと同様に、国民はその歴史によって明らかにされ、しかも、現実にあった客観的な歴史によるのと同じ位に、現実にない想像の歴史によって明らかにされるのである[3]」、と説明している。同様に、アーモンドは、「政治文化とは、或る時代に国民の間に広く見られる政治についての態度・信念・感情の方向のことである。この政治文化は、国民の歴史と現在の社会的・経済的・政治的な活動過程によって形成されてきた。過去の経験の中で形成された態度パタンは、本来の政治行動の重要な制約要因になる。政治文化は、個人の政治的役割、政治的要求の内容、法律への反応において個人の行為に影響を与える[4]」、と論じている。

文化は、伝統、伝統主義、伝統的支配を創造する。政治は文化を意図的に創設する。いわば、「創り出された伝統」が政治空間でみられる。ホブズボウム（Eric Hobsbawm, 1917-）はここらあたりの問題に関して、「伝統というものは常に歴史的につじつまのあう過去と連続性を築こうとするものである[5]」、「創り出された伝統の特殊性とは、歴史的な過去からとの連続性がおおかた架空のものだということである。つまり、そうした伝統とは、新しい状況に直面した際ふるい状況に言及する形をとるか、あるいは半ば義務的な反復によって過去を築き上げるかといった対応のことである。それは近代世界の恒常的な変化および革新と、社会生活の少なくともある部分を永久不変のものとして構造化しようとする試みと対照性なのである[6]」、と説明している。伝統を前面にうちだす制度として君主制度がある。たとえば、英国王室は二百年の間にその公的イメージが変容してきている。

たとえ戴冠式のように繰り返される儀礼というテクストが時代を越えて原型を留めたとしても、その意味は、おそらくコンテクストの性質次第で大きく変化する……。本質的に安定した時代には、不変の儀礼は安定と統合を真に反映し、強化するものと癒えよう。しかし、変動と闘争・危機の時期には、そういった状況を示す事象のコンテクストの中にありながら、逆に継続・連帯・安楽の印象を与えるため、儀礼は意図的に原型を保持させせられるのである。たとえば、ある状況下では、戴冠式は参加者や同時代人にとって、国威発揚の象徴として認められよう。だがコンテクストが異なれば、同じ儀式が、過去の栄光に対する集団的憧憬の特長と見なされることもあるのである。同様に王室葬儀は、偉大な国家を築いた君主への感謝と祝福の宗教儀式であるといえよう。ところが、同じ型や同じコンテクストであっても、葬儀は君主自身のみならず、強大な力を持った国家へのレクイエムとしても解釈されうる。(7)

政治の世界にあっては、政治的な意図をもって文化や伝統も創られる面が確実にある。日本にあっても、大日本帝国憲法体制から日本国憲法体制に移行し新生国日本がスタートしたと一般的に理解されたとしても、伝統は継続されている。むしろ、連続性を重視している。たとえば、国《こく》璽《じ》や天皇の御璽《ぎょじ》である。おそらく、大日本帝国憲法体制にあって使用されていたものが日本国憲法体制にあっても使用され続けているはずである。これはたんなる使い回しではない。そこには、政治的な意図がこめられている。国体は変わらずに継続しているという政治的な意味合いである。さらには、太政官規則によって認められていた国旗が戦後も利用しつづけられ、やがては国旗・国歌法（平成一一年制定）として公定された例である。あるいは、戦前の紀元節祭が戦後に建国記念日として復活した例である。伝統の復活が創り出されたケースといえる。

2　文化の構成要素

文化の重畳的な構造を整理しておこう。（a）伝統（tradition）とは、過去からの価値を、政治社会の構成員が理解し、現在において適応していこうとする営為である。（b）習律（mores）とは、神聖かつ伝統的なチカラである。（c）慣習（custom）とは、政治社会の構成員から永続的に尊重され、正当性をかちえてきた行動様式である。たとえば、慣習法〈生きた法〉がある。（d）慣行（usage）とは、政治社会の構成員が慣例として承認されてきた行動様式である。慣行を重んじることによって、構成員間の諸関係がスムーズに展開していくことが可能となる。たとえば、労使慣行である。（e）因習（convention）とは、ムラ共同体のような古くからの地域や集団にあって受け継がれてきた生活・行動様式である。（f）習慣（habit）とは、その場、その場にあって、政治社会の構成員が適切な対応ができるように学習、習得した行動様式である。構成員は、無意識のうちに反復、継続している。（g）習俗（folkways）とは、集団の構成員の間で反復される行動様式である。

政治的空間にあっては、政治文化、国民文化、国民性、民族性が形成される。君主制度は、ひとびとの感情や意識に依拠する体制といえる。そのかぎりにおいて、君主制度にあって、文化

（歴史性・伝統性）が緊密に関係してくる。君主制度とは、たとえば、一九世紀・二〇世紀前半にあっては、（a）世襲制原理による王位の継承、（b）血統主義（王室メンバー間における血のミトス）による継承、（c）宗教的な背景をもった継承、（d）王位に付随する象徴的機能により、国歌、国民を統合する。同時に伝統・歴史・文化を表出する。（e）即位にあたり践祚と即位儀式をおこなう、などが特長的であった。二〇世紀後半から今世紀にあっては、（f）国民からの思慕と尊崇を基盤とする。（g）国民主権や民主主義との融合、（h）不親政のスタイルなどが顕著になる。それだけに、政治的な意図がはたらき、王位にかかわる儀礼が創りだされる面が生まれてくる。日本にあっても、明治国家にあって天皇制度が創りだされた。典憲体制である。とくに、天皇祭祀大権が、古来からの伝統であるとしてあらたに創造された。三種の神器の取り扱われ方、宮中三殿（賢所・皇霊殿・神殿）の構築、践祚・大新嘗祭、皇室葬儀、帝室制度、華族制度などがあげられよう。

近代以降は民主主義が時代の趨勢であるが、民主主義における伝統・文化を指摘することができよう。（a）政治的価値としては、国民主権、人権主義、福祉国家があげられる。（b）政治的手法としては、自治、政治参加、民主的かつ正当な手続き、公開性があげられる。（c）政治的指導者は、リーダーシップがあり政策に精通し国民的人気をはくし親しみやすさがある。（d）政治的制度・機構にあっては、憲法（精神）遵守、権力の均衡・抑制などがあろう。これらはあくまでも民主主義の理論的要請にすぎない。現実には、確実に実現されていなくてもよい。民主主義にかかわる創られた伝統、文化を、われわれは継承しているのかもしれない。

ちなみに、日本型政治文化としては、

A 政治機構の側面では、

a 官僚機構における官僚政治、秘密性、情報の秘匿、非公開性、天下り慣行、隠しカネなどがある。

b 国会における国対政治、密室協議、公費海外視察、官房機密費、慣例主義などがある。

B 政治組織の側面では、

c 政党における五五年体制時の与党自民党の事前審査システム（政調会・総務会）、派閥政治がある。また、当選回数によるポストの割り振りもある。

d 選挙における地元還元型政治、地盤・看板・カバン、義理・人情、地縁・血縁がある。

C 政治体制の側面における天皇不親政、タテ社会、組織的な無責任制がある。

以上の諸点が指摘できる。詳細に関しては、拙著『日本の政治文化』（勁草書房、二〇〇八年）を参照のこと。

3 政治と宗教

宗教は、社会における価値や意義を確立し、秩序を維持し、伝統を強化する機能がある。宗教を、政治利用してきた歴史がある。ヨーロッパにおけるキリスト教と政治との関連については、拙著『ヨーロッパ政治理念の展開』（信山社、二〇〇六年）にあって検討した。中世期における両剣論、教帝＝皇帝主義、近代期における王権神授説、神法などがあげられよう。神学を援用し、支配の正当化や権威化をはかった歴史がある。とくに、君主制度にみられる儀式や儀礼には、宗教利用の典型的な例である。神聖性や宗教的チカラにより、権威や秩序の確定、保守化、安定化などの効果がみられた。

シュミットは、『政治神学』にあって、「現代国家理論の重要概念は、すべて世俗化された神学観念である。全能なる神が万能の立法者に転化したように、諸概念が神学から国家理論に導入されたという歴史的展開によってばかりでなく、その体系からしてそうなのであり、そして、この構成の認識こそが、これら諸概念の社会学的考察のためには不可欠のものである。例外状況は、法律学にとって、神学にとっての奇蹟と類似の意味をもつ。このような類似関係を意識してはじめて、ここ数百年間における国家哲学上の諸理念の発展が認識されるのである。なぜなら、現代の法治国家の理念は、理神論、すなわち、奇蹟を世界から追放し、奇蹟の概念に含まれている自然法則の中断、つまり直接介入による例外の設定を――現行法秩序への主権の直接介入を拒否するのとまったく同様に――拒否する神学および形而上学、を踏まえつつ確立してきたのである(8)」と説明している。じつは、政治思想や理論は神学概念と背反するわけでもなく、むしろ近似しているし関係が深いのを、シュミットは指摘した。同様に、ケルゼンは自己の純粋法学と神学との関係について、『神と国家』にあって以下のように要約している。「社会がイデオロギーとして把握されるべきものであるとすれば、宗教はその社会的イデオロギーの一種に他ならない。宗教は元来（最広義の）国家という社会的イデオロギーと同一物であった。この発展段階では神の観念と国家の観念とは端的に同一物であったのである[9]」、「社会形象の完成態である国家、最も発達したイデオロギーである国家、その国家に関する理論すなわち国家論が、神に関する理論、すなわち神学と顕著な一致を示すとしてもなんの不思議もない[10]」、「認識論的見地からすれば神は世界秩序を擬人化したものである。……国家もまた人格であり、したがって一つの秩序を擬人化したものと考えられる。この秩序こそ法秩序に他ならない[11]」、と。ケルゼンはつづけて、「神学が……存立しうるのは、神の超世界性というすべての神学の根本教義、超自然的・超世界的な神の存在という前提を固守する限りにおいてである。同様にして……国家学が可能なのは、国家の超法性、法外性・超法的な国家の存在、否仮象的実在が信じられる限りにおいてである[12]」、「国法学上の主権概念はそのまま神学に転用することができる。なぜなら共にその対象を絶対化しようとするものだからである。……神学が強い情熱をこめて説く神学の唯一性の概念が、法学上の主権国家概念と論理構造において全く一致していることである。国家の主権は力と解されるが、あらゆる神学が神の本質として唱えるのもまさしく力である[13]」、と。

結論として、ケルゼンは、「神も国家も人がそれを信ずる限りにおいて存在する[14]」、「神が自然法則に拘束され、自然法則に従ってのみ支配するならば、神の概念は全く無用であるとされるように、国家が法的行為をなすことができるのみで、国家行為がすべて法行為だということになれば、国家概念も無用となる」[15]、「神学の体系においては人間は霊的存在たる神の似姿として創造され、したがって自然的・動物的存在ではなく、霊的なものとされるが、法学もまた人間は生物学的・心理学的統一体ではなく、人格、すなわち法主体という特殊法的存在であると強調し、こうして法学は人間を……法人格たる国家の似姿とする。[16]」、と考究したのであった。つまり、法・政治理論と神学との関係は相当程度関連していることがわかる。さらにまた、マルクスの未来予言的な理論＝社会主義社会の到来、労働者階級の解放、国家の死滅なども、神学理論との構造上の相似が認められるところである。

神話の利用もあげられる。神話とは、集団の信念である。具体的には、サンジカリストの神話、マルクス主義の革命神話、ナチスの民族、血の神話、啓蒙思想における人民主権、天賦人権の神話などである。

4　市民宗教

政治的空間、政治理論にあって、宗教の具体化、具現化が巧妙に企てられてきた。近代から現代にあっても、市民宗教、公民（共）精神が説かれる。たとえば、ルソーは、「各市民にその義務を愛させるような宗教を、各市民が持つことは、国家には非常に重大なことである。しかし、その宗教の教義は、その宗教を信じている市民が他の市民にたいして実行すべき道徳と義務に、その教義が関係しているかぎりにおいてしか、国家の関心もその構成員の関心もひかない。その上に、各人は、何でも、その好むままの意見を持ってよいのであり、それは主権者の知るべきことでもないのである[17]」、と指摘した。ルソーはまた、「国家〔市民の〕宗教の教義」とは、「全能で、全知で、慈愛にみち、先をみとおす、恵みぶかい神の存在、来世、正しき者に与えられる幸福、悪人への懲罰、社会契約と法律との神聖さ[18]」であり、「それなくしてはよい市民になることも、忠実な臣民になることもできないような社会性の感情[19]」を重視する。そして、「主権者はそれを信じない者は何人をも国家から追放することができる。かれは……その者を、不敬な人間としてでなく、反社会的な人間として、誠実に法と正義を愛することのできない者として、……追放できるのである[20]」と叙述した。さらに、トックヴィルは公共的精神、愛国心を重視した。彼は、「しばしばこの愛国心は宗教的熱情で高揚されている。……愛国心は一種の宗教である。それは理性を用いないし、信じ、感じ、行動する。何らかの形で祖国を人格化し、そして祖国を君主のうちに予感している諸民族もある[21]」、「人々の関心を国の運命に結びつける手段は……人々を自国の政治に参加させることであろう[22]」、としている。

デュルケームもまた第三共和制における市民宗教に関して、

家族、国家、人類という三つの集団にたいする各々の感情は決して矛盾し合うものではない。個人は、家族を離れなければ国家に属しえないものではなく、また、国民としての義務を忘れなければ、人間としての義務を全うしえないものでもない。家族、国家、人類は、われわれの社会的、道徳的発展の三つの異なった局面を、それぞれ代表するものであり、しかも、この三局面は互いに他を準備し合うものであって、それゆえ、各々に対応する三つの集団は、互いに他を排斥することなく、重なり合うことができるのである。……人間は、この三重の作用に、同時に服しないかぎり、道徳的には完成されえないのである。[23]

われわれが知るかぎり人間集団の中でもっとも高位に位し、かつ、人類とは異なるが、それにもっとも接近しているところの集団である個々の具体的な国家に、人間理想の実現を求めることである。[24]

人間が道徳的存在であるためには、自己以外の他者に結びつかねばならない。……人間は社会と連帯し、かつその連帯感を意識しなければならない。[25]

あらゆる社会に先がけて、まことの優先権を享受する一つの社会がある。それは政治的社会であり、祖国である。……学校教育が児童をしてとくに愛着せしめねばならないのは、なかんずくこの祖国である。[26]

と語っている。デュルケームは、教育における世俗化をはかり、自由・平等・博愛という共和制の理念の実現をテーマとした。

ベラー（Robert Bellah, 1927-）は、市民宗教を説き、「大統領の就任宣誓式は、〔アメリカの市民〕宗教における重要な儀式的行事である。それは、とりわけて最高の政治的権威の宗教的正統化を再確認するのである」[27]、とし、さらに、「大統領の義務は憲法を超えて人民だけではなく、神にも及ぶのである。アメリカの政治理論では、主権はもちろん人民に存するが、暗黙裏には、いや時には明示的にも、窮極の主権は神にあるとされてきた」[28]、そして、「神の意志を地上で実現するという集団的、個人的な義務」[29]を大統領が負うものとされた。ベラーは、「国家の首長は……彼が公的な資格にある限りは市民宗教という看板のもとで働くのである」[30]、としている。マクガイア（Meredith McGuire, 1944-）は市民宗教を定義して、「何らかの超越的な仕方において理解される国民の過去、現在、そして／あるいは未来と関係する一連の進行と儀礼である」[31]、とした。市民宗教は国家の結束の表現である。それは、教派的、民族的、宗教的な境界を越える。市民宗教にはメンバーが重要な国民的行事を祝い、社会へのコミットメントをあらたにするための儀礼が含まれている[32]。市民宗教には、以下のような取り組みがみられる。建国・独立記念日、戦没者追悼式典、大統領就任式＝これらは国家の価値観と統合を祝う式典である。国会議事堂、戦争記念碑、大統領の生誕地＝国家の聖堂。国旗、国歌、聖書＝聖なるものの具象化。神話、聖人（歴代大統領・戦争の英雄）の寓話化[33]が確認される。

国家ないしは君主における儀式・儀礼、国家神学（宗教）、君主の神聖性などの政治的効果として、権威化、政治的秩序の固定化、統制強化、保守化、安定化、統合化がある。

5　国教制度

アメリカ大統領の就任宣誓式は、最大の国家宗教行事として位置付けられる。宗教的権威を援用しつつ、政治指導者・支配者は統治行為をおこなうのである。この政治における非合理的部分は、政治が人間の営為であるからには、不可避である。

日本国憲法体制にあっては、大日本帝国憲法体制における国家神道の反省の上に厳格な政教分離となっている。政教分離とは、（a）国家と宗教との分離、（b）国家と宗教団体との分離、（c）政治と宗教との分離などを意味する。著者（大塚）は、聖権と俗権との完全分離、政治的共同体と宗教共同体との分離をも含意すると考えている。現代日本では、政教分離の具体的な表現としては、第一に国家神道を否定する、第二に信教の自由の保障（国家権力によって特定の宗教あるいは特定の信仰を強制、強要されることの排除）である。

6　内在性と変容性

文化の内在性が指摘できる。つまり、政治文化の独自性を認める立場である。〈基層・古層としての政治文化→表層としての政治システム〉という関係性が描かれる。その一方で、文化の変容性も認められる。つまり、文化が変化する可能性を否定しない立場である。政治文化が変容すれば、それに対応して政治システムも変化していく可能性がある。

文化は、ひとびとの意識を規定し、相当の時間と空間をかけて継続してきたものである。それだけに、表層部分で政治システムが変質したとみえたにしても、時間をかけて揺り戻し現象がみられる。たとえば、GHQにより民主化されたといいながらも、ナショナリズムの復活が企てられたり、確実に再形成がみられ（つつあ）るのが大東亜戦争後の日本の例である。普遍的な政治理論と考えられる民主主義であっても、国情の違いによって理解や運用方法に差異がでてくる。堅固な文化の内生性が認められるであろう。

文化や伝統がいきながらえていくに際しては、ひとびとを説得させるに十分な正当化がはかられなければならない。

（1）デュヴェルジェ『政治学入門』七四頁。
（2）同上七四頁。
（3）同上七六頁。
（4）アーモンド／パウエル『比較政治学』三七頁。
（5）ホブズボウム／レンジャー（前川啓治・梶原景昭他訳）『創られた伝統』（紀伊國屋書店、一九九二年）一〇頁。
（6）同上一〇―一一頁。
（7）同上一六八頁。

(8)　シュミット（田中浩・原田武雄訳）『政治神学』（未來社、一九七一年）四九頁。
(9)　ケルゼン（長尾龍一訳）『神と国家』（木鐸社、一九七七年）三七頁。
(10)　同上三八頁。
(11)　同上三九頁。
(12)　同上四一頁。
(13)　同上四二頁。
(14)　同上五五頁。
(15)　同上五二頁。
(16)　同上五四頁。
(17)　ルソー『社会契約論』一九七頁。
(18)　同上一九八頁。
(19)　同上一九七頁。
(20)　同上一九七—一九八頁。
(21)　トクヴィル（井伊玄太郎訳）『アメリカの民主政治（中）』（講談社、一九八七年）一三九頁。
(22)　同上一四一頁。
(23)　デュルケーム（麻生誠・山村健訳）『道徳教育論（1）』（明治図書、一九八四年）一〇九頁。
(24)　同上一一二頁。
(25)　同上一一四頁。
(26)　同上一一四頁。
(27)　ベラー（葛西実・小林正佳訳）『宗教と社会科学の間』（未來社、一九七四年）三四八頁。
(28)　同上三四八頁。
(29)　同上三四九—三五〇頁。

(30) 同上三五五頁。
(31) マクガイア(山中弘他訳)『宗教社会学』(明石書店、二〇〇八年)三〇一頁。
(32) 同上三〇一頁。
(33) 同上三〇二―三〇三頁。

《政治哲学者のプロフィール③》

ホッブハウス（Leonard Trelawny Hoahouse, 1864-1924）
　イギリスの大学における最初の社会学講座担当者である。彼の国家論や自由論はともすれば、グリーン思想の背後にうもれていた観がある。しかし近年、ホッブハウスの再評価のうごきがみられる。つまり、彼こそが自由主義を伝統型から現代型に再生させた真の功労者でなかったのかという見直し論である。そもそもホッブハウスの政治思想は、自由主義と社会主義との融合を企図したものであった。
　主　著　The Metaphysical Theory of the State, 1918.

デュルケーム（Émile Durkheim, 1858-1917）
　フランスの現代社会学の基礎を確立した功労者である。彼の発言は、理論社会学のみならず、法社会学、政治社会学、宗教社会学、教育社会学、知識社会学、道徳社会学にまでおよんだ。『社会分業論』（一八九三年）では、社会のアノミー状況を道徳の重視によって解決しようと提言した。また、『社会学的方法の規準』（一八九五年）では、社会を〝もの〟としてとらえるというラショナリスムの立場を主張した。彼はまた、中間集団論の先駆者として評価できよう。
　主　著　『社会科学と行動』（佐々木交賢他訳、恒星社厚生閣、一九八八年）

イェリネック（Georg Jellinek, 1851-1911）
　ドイツの一般国家学を体系化した憲法学者である。とくに、その国家法人説は美濃部達吉の天皇機関説に影響をあたえた。イェリネックは国家三要素説（領土・人民・主権）をといた。また、国家は自己が創設した法によって拘束をうけるという国家自己制限説や国家両面説（法学的側面と社会学的側面）を主張した。

主　著　『法・不法及刑罰の社会倫理的意義』（大森英太郎訳、岩波文庫、一九八八年）

ケルゼン（Hans Kelsen, 1881-1973）

オーストリアの法学者である。彼は、徹底した法実証主義＝純粋法学を体系化した。一般国家学の方法二元論を批判し、法理論の純化をおこない根本規範からはじまる法の論理的な段階構造をあきらかにした。また、法と国家の自同性理論を提起した。しかし、それは結局のところ「国家なき国家論」であるとして批判をうけた。

主　著　『法と国家の一般理論』（尾吹善人訳、木鐸社、一九九一年）

シュミット（Carl Schmitt, 1888-1985）

ナチスのイデオローグとして知られる。彼は、ケルゼンの規範論理主義を批判し、具体的秩序思想を提起した。とくに、彼の決断主義によれば、法秩序なり政治秩序なりの源泉（政治的決定）は主権者の意志決断によるのであって、規範（倫理・法）の正当化を必要としないのであった。また、政治を〝友と敵〟との峻別から把握しようとする考え方は、斬新なものであった。

主　著　『憲法理論』（尾吹善人訳、創文社、一九七二年）

参考文献

1　政治哲学の課題

原田鋼『政治学原論』（朝倉書店、一九七二年）
原田鋼『政治哲学序説』（学芸書房、一九五七年）
南原繁『政治哲学序説』（岩波書店、一九八八年）
今井仙一『政治哲学序説』（清水弘文堂、一九七〇年）
多田真鋤『政治哲学の諸問題』（慶応通信、一九七九年）
日本政治学会編『政治学の基礎概念』（岩波書店、一九八一年）
クレスピニイ／マイノウグ編（内山秀夫他訳）『現代の政治哲学者』（南窓社、一九七七年）
プラムナッツ（森本哲夫・万田悦生訳）『政治理論とことば』（昭和堂、一九八八年）
クイントン（森本哲夫訳）『政治哲学』（昭和堂、一九八八年）
シュトラウス（石崎嘉彦訳）『政治哲学とは何か』（昭和堂、一九九〇年）

2　政治的空間

フリードリッヒ（小山博也訳）『現代政治』（理想社、一九六七年）
フリードリッヒ（安世舟他訳）『政治学入門』（学陽書房、一九八四年）
シュミット（田中浩・原田武雄訳）『政治的なるものの概念』（未來社、一九八二年）
クリック（前田康博訳）『政治の弁証』（岩波書店、一九七〇年）
バランディエ（渡辺公三訳）『舞台の上の権力』（平凡社、一九八二年）

3　政治権力

ヴェーバー（浜島朗訳）『権力と支配』（有斐閣、一九八〇年）
マルサル（上村正訳）『権力』（白水社、一九五九年）
原田鋼『権力複合態の理論』（有斐閣、一九八二年）
原田鋼『政治権力の実体』（御茶の水書房、一九八九年）
中山政夫『政治権力の理論的分析と思想史的展開』（三和書房、一九九一年）

4　政治倫理・正当化

A・スミス（水田洋訳）『道徳感情論』（筑摩書房、一九八八年）
グリーン（北岡勲訳）『政治義務の原理』（駿河台出版、一九五二年）

オークショット（野田裕久訳）『市民状態とは何か』（木鐸社、一九九三年）
原田鋼『政治倫理学序説』（勁草書房、一九五七年）
北岡勲『政治と倫理』（東洋出版、一九五四年）

5 抵抗と不服従

マイヤー・タッシュ（三吉敏博・初宿正典訳）『ホッブズと抵抗権』（木鐸社、一九七六年）
ベルトラム（栗城寿夫監訳）『抵抗権と革命』（御茶の水書房、一九八〇年）
堀豊彦『デモクラシーと抵抗権』（東京大学出版会、一九八八年）
松下圭一『現代政治の条件』（中央公論社、一九六九年）
佐々木高雄『抵抗権論』（学陽書房、一九八七年）

6 国家

ダバン（水波朗訳）『国家とは何か』（創文社、一九七七年）
マクファーソン（内山秀夫・丸山正次訳）『国家はどこへゆくのか』（御茶の水書房、一九八四年）
ルミュー（渡辺茂訳）『無政府国家への道』（春秋社、一九九〇年）
ヴィンセント（森本哲夫監訳）『国家の諸理論』（昭和堂、一九九一年）
メロッシ（竹谷俊一訳）『社会統制の国家』（彩流社、一九九二年）

7　社　会

グレージァ（佐藤智雄・池田昭訳）『疎外と連帯』（勁草書房、一九六六年）
ニスベット（中久朗監訳）『社会学的発想の系譜Ⅰ・Ⅱ』（アカデミア出版会、一九七五年）
ニスベット（安江孝司他訳）『共同体の探求』（梓出版、一九八六年）
シュタイン（森田勉訳）『社会の概念と運動法則』（ミネルヴァ書房、一九九一年）
大塚桂『フランスの社会連帯主義』（成文堂、一九九五年）

8　法

ダバン（水波朗訳）『法の一般理論』（創文社、一九七六年）
ロンメン（阿南成一訳）『自然法の歴史と理論』（有斐閣、一九五六年）
ケルゼン（黒田覚・長尾龍一訳）『自然法と法実証主義』（木鐸社、一九七四年）
和田小次郎『近代自然法学の発展』（有斐閣、一九五三年）
原田鋼『法哲学の基本問題』（青林書院新社、一九五八年）

9　主　権

原田鋼『欧米に於ける主権概念の歴史及再構成』（有斐閣、一九三四年）
松下圭一『市民自治の憲法理論』（岩波書店、一九七五年）

佐々木毅『主権・抵抗権・寛容』(岩波書店、一九七三年)
ホセ・ヨンパルト『人民主権思想の原点とその展開』(成文堂、一九八五年)
ティアニー(鷲見誠一訳)『立憲思想』(慶応通信、一九八六年)

10 体制

バルッツイ(池上哲司・岩倉正博訳)『近代政治哲学入門』(法政大学出版局、二〇〇二年)
レーヴェンシュタイン(阿部照哉・山川雄巳訳)『現代憲法論』(有信堂、一九八六年)
リンス(内山秀夫訳)『民主体制の崩壊』(岩波書店、一九八二年)
ホール/アイケンベリー(星野智・斉藤俊明訳)『国家』(昭和堂、一九九六年)
山口定『政治体制』(東京大学出版会、一九八九年)

11 自由

ペルチンスキー(飯島昇蔵他訳)『自由論の系譜』(行人社、一九八七年)
グレイ(藤原保信・輪島達郎訳)『自由主義』(昭和堂、一九九一年)
セイバイン(秋元ひろと訳)『民主・自由・平等』(公論社、一九九一年)
リンゼイ(渡辺雅弘訳)『自由の精神』(未來社、一九九二年)
藤原保信『自由主義の再検討』(岩波書店、一九九三年)

12 平等

バーリン（福田歓一・河合秀和訳）『時代と回想』（岩波書店、一九八三年）
ケルゼン（上原行雄他訳）『デモクラシー論』（木鐸社、一九八四年）
フィヒテ（桝田啓三郎訳）『フランス革命』（法政大学出版局、一九八七年）
シュタイン（石川三義他訳）『平等原理と社会主義』（法政大学出版局、一九九〇年）
ルソー（本田喜代治・平岡昇訳）『人間不平等起源論』（岩波文庫、一九七三年）

13 人権

ダバン（水波朗訳）『権利論』（創文社、一九七七年）
イェーリング（小林孝輔・広沢民生訳）『権利のための闘争』（日本評論社、一九八一年）
イエリネック／ブトミー（初宿正典編訳）『人権宣言論争』（みすず書房、一九八一年）
ハート（小林公他訳）『権利・功利・自由』（木鐸社、一九九二年）
ドゥオーキン（木下毅他訳）『権利論』（木鐸社、一九九三年）

14 公共性

ハーバーマス（細谷貞雄・山田正行訳）『公共性の構造転換』（未來社、一九九四年）
ハーバーマス（河上倫逸・耳野健二訳）『事実性と妥当性（上・下）』（未來社、二〇〇二・三年）

ハーバーマス（清水多吉・朝倉輝一訳）『討議倫理』（法政大学出版局、二〇〇五年）
アレント（志水速雄訳）『人間の条件』（筑摩書房、一九九四年）
セネット（北山克彦・高階悟訳）『公共性の喪失』（晶文社、一九九一年）

15 文化

フォイエルバッハ（船山信一訳）『キリスト教の本質（上）』（岩波書店、一九九六年）
デュルケーム（古野清人訳）『宗教生活の原初形態（上）』（岩波書店、一九八七年）
ベラー（河合秀和訳）『社会変動と宗教倫理』（未來社、一九七三年）
カヴァナー（寄本勝美・中野実訳）『政治文化論』（早稲田大学出版部、一九七七年）
大塚桂『日本の政治文化』（勁草書房、二〇〇八年）

や 行

ら 行

な　行

は　行

ま　行

人名索引

【著者紹介】

大　塚　　桂（おおつか・かつら）

1960年　神奈川県生まれ
1984年　日本大学法学部卒業
現　在　駒澤大学法学部教授
専　攻　政治学原論・政治哲学
著　書　『政治学原論序説』（勁草書房、1994年）、『フランスの社会連帯主義』（成文堂、1995年）、『デュルケーム再考』〈共著〉（恒星社厚生閣、1996年）、『ラスキとホッブハウス』（勁草書房、1997年）、『政治学へのいざない』〈編著〉（成文堂、1998年）、『現代国家へのアプローチ』（成文堂、1998年）、『多元的国家論の展開』（法律文化社、1999年）、『多元的国家論の周辺』（信山社、2000年）、『近代日本の政治学者群像』（勁草書房、2001年）、『法学への架橋』〈編著〉（成文堂、2002年）、『明治国家の基本構造』（法律文化社、2002年）、『明治国家と岩倉具視』（信山社、2004年）、『明治維新の思想』（成文堂、2005年）、『ヨーロッパ政治理念の展開』（信山社、2006年）、『日本の政治学』〈編著〉（法律文化社、2006年）、『大東亜戦争期の政治学』（成文堂、2007年）、『日本の政治文化』（勁草書房、2008年）、『日本政治学の先駆者』（成文堂、2011年）

Horitsu Bunka Sha

1997年4月10日　初　版第1刷発行
2012年2月10日　第2版第1刷発行

政治哲学入門〔第2版〕
—政治・共同体・イデオロギー—

著　者　大　塚　　桂
発行者　田　靡　純　子

発行所　株式会社　法律文化社
〒603-8053　京都市北区上賀茂岩ヶ垣内町71
TEL（075）791-7131　FAX（075）721-8400
URL: http://www.hou-bun.com/

印刷：共同印刷工業㈱／製本：㈱藤沢製本
装幀　白沢　正
ISBN 978-4-589-03393-2

大塚　桂編著〔シリーズ日本の政治第1巻〕

日本の政治学

四六判・二九八頁・二八三五円

混迷する時代に政治学はどう応えるのか。明治から平成にいたる日本の政治学の発展過程を時代・分野ごとに回顧し、全体像を俯瞰。政治とは何かを考える。日本政治学を総括した文献ガイドとしても有益。

大塚　桂著

明治国家の基本構造

―帝国誕生のプレリュード―

A5判・二八六頁・三三六〇円

現代国家は、明治国家によって規定されているという観点から、明治国家の基本構造を再検討する。明治と現在とを比較対照し、明治期に確立した法と政治制度が、いかに現在と関連性・類似性を有しているかを解明する。

大塚　桂著

多元的国家論の展開

―原田鋼・岩崎卯一をめぐって―

A5判・二九〇頁・五七七五円

ラスキ、デュギーによって主張された多元的国家論は日本近代政治学にいかなる影響を及ぼしたのか。原田、岩崎、河合栄治郎らの受容過程と理論を克明に分析する。日本政治学史研究の未開拓領域に切り込む。

五十嵐　仁著〔〈18歳から〉シリーズ〕

18歳から考える日本の政治

B5判・一一六頁・二三一〇円

人びとの生命と生活を支えることが政治の核心との基本認識にたち、日本の政治を見る目を養う。私たちと政治の関係からスタートし、戦後政治の光と影を検証する。政権交代前後の政治の仕組みの変容にも言及。

廣澤孝之著

政治学読本

A5判・二八〇頁・二九四〇円

「市民のための政治学」を基本視座に、政治に関する基礎的知識と繰り返し議論されてきた論点を、多様な素材を用いてわかりやすく解説。各章独立、読み物仕立てで記述し、政治を読み説き、思考する力を養う。